超
ロジカル
思考

「ひらめき力」を引き出す
発想トレーニング

高野研一
Kenichi Takano

日本経済新聞出版社

目次 Contents

STEP 2 孫正義に学ぶ「自分の器を超えた問題に挑む」トレーニング

STEP 3 ジョブズに学ぶ「未来を自ら創りあげる」トレーニング

STEP 4 ベゾスに学ぶ「常識から自由になる」トレーニング

STEP 5 コトラーに学ぶ「人の内面を見る」トレーニング

STEP 6 鈴木敏文に学ぶ「仮説を立て検証する」トレーニング

STEP 7 4人の天才たちの教え

Prologue

新しいモノの見方を発見できる人たち

ある為替ディーラーの「伝説」

筆者は以前、ある金融機関で株式投資のファンドマネジャーをしていたことがある。その時、隣にあったディーリング・ルームに、伝説の為替ディーラーと呼ばれる人がいた。ここではA氏と呼んでおこう。為替は「円高になるか円安になるかは神のみぞ知る」といった世界で、安定的に稼ぎ続けることはプロにとっても難しい。ところが、この人はそれを成し遂げていたのだ。

ある日、私がA氏のところに行き、成功の秘訣について教えを請うと、その答えは意外なものだった。

「**朝、新聞を読んで、今日は円安になると思うよな。そうしたら、逆に円高に張るんだよ。円高だと思えば、円安に張る。それだけだよ**」

自分が正しいと思うことと逆のことをすることが、なぜ成功につながるのだろうか。

多くの人は、自分が円高だと思えば円高に賭ける。その結果、相場が当たって円高方向に動けば達成感に満ちあふれて興奮する。逆に円安方向に動けば「こんなはずではない」と焦りを感じながら、ズルズルと損を拡大してしまう。いつかは円高に反転するはずだと思い込んでいるため、損切りができないのだ。買うか売るかの決断をした段階で仕事は終わっており、後は儲かるか儲からないかに一喜一憂するのみとなる。

これに対して、A氏は自分が円高だと思うと、逆に円安に賭ける。このため、思ったとおりに円高になると、損が出ることになる。しかし、A氏の仕事が始まるのは、ここから後なのだ。自分の読みが当たったということは、自分の相場観が現実を捉えていることを意味する。このため、すぐに損切りをして、円高にポジションを取り直す。元々自分が思っていた通りなのだから、損切りすることにためらいはない。

これに対して、自分が思った方向と逆に円安になったとすると、利益が出ることになる。しかし、それでぬか喜びはしない。それは自分の相場観が市場の動きを捉え切れていないシグナルだからだ。

このため、なぜ自分の想定した方向と逆に行ったのか、自分は何か重要な要因を見落としているのか、もしそうだとすると、正しいモノの見方はどうあるべきなのか、こうした問いを繰り返す。その中から、自分に見えていなかった新しい相場観が浮かび上がり、どこまで利益を狙えるのかが見えるようになる。

為替レートは、多くの市場参加者の相場観が売り買いに反映されて決まっていく。このため、自分の相場観だけを見ていては不十分で、他の参加者が何を考えているのかを読む必要がある。A氏は、自分の相場観と逆に張ることによって、自分が捉え切れていないモノの見方があるのかどうかを探知し、それを浮かび上がらせることで勝っていたのだ。

円安になる材料（情報）がたくさんあるにも関わらず、むしろじりじり円高の方に動いていくという場面がよくある。自分には相場が見えているという前提に立つ人には、「いずれ円安に反転するはずだ」というモノの見方しかできない。

ところが、A氏のように、「自分に見えていない世界がある」という前提に立てる人がいる。その人にとっては、想定外のできごとは、新しい相場観が存在するというシグナルになる。

「これだけ円安の材料が出ているのに円安方向に動かないということは、もうすでにほとんどの人が円を売ってしまって、これ以上売れないということだ。このため、逆に円高に動く材料が出てくれれば、売りに回っていた人たちが一気に買い戻す局面が来るだろう。その時は激しく円高方向に動くことになる」

こうした自分の頭の中になかった、新しいモノの見方を発見できるかどうかが、稼げるディーラーになれるかどうかを決めているのだ。

天才たちは、努力でモノの見方を変えてきた

いま、情報革命の勃興により、ビジネスパーソンを取り巻く環境も、不確実で先の見えにくいものになってきている。さまざまなモノの見方が交錯し、激しく変化する為替市場のようだ。こうした先が見えにくい世界を相手にする場合、モノの見方はひとつではないことが多い。ロジカルに最適解を求めようとしても出てこないのだ。

そうした中をサバイバルし、勝ち残っていくビジネスリーダーはいったい誰なのか。彼らはどのような能力を持っているのか。そして、我々がそうしたロジックを超えた直観力を習得するにはどうすればいいのか。それがこの本のテーマである。

ここで取り上げるのは、グーグルの創業者であるラリー・ペイジとセルゲイ・ブリン、ソフトバンク創業者の孫正義、アップル創業者のスティーブ・ジョブズ、アマゾン・ドット・コムのジェフ・ベゾス、マーケティングの神様と呼ばれるフィリップ・

コトラー、セブン&アイ・ホールディングス会長の鈴木敏文の計7名だ。

彼らはいずれも「情報革命後の世界をどう勝ち抜くか」という問いに対して、新しい独自の解を見出してきた。ビジネスの前提条件が根本的に変わる中で、彼らが前例や旧来のロジックに囚われない解決策を見出せたのは、自分の「モノの見方」を変える力を持っていたことによる。

普段我々は、自分の「モノの見方」を意識することはない。いや、人間の脳はそれを意識できないようにできているのだ。ところが、あるとき何かのきっかけでモノの見方が大きく変わる経験をすると、「世界の見方はひとつではなかったのだ」ということに気づかされる。

ここで挙げた天才たちは、こうした偶然に頼るのではなく、自らの意思で自分のモノの見方を変えてきたところに共通点がある。言い換えると、彼らは生まれながらにして成功が約束されていたわけではなく、自分のモノの見方を変える術があることに気づいたのだ。そして、努力によって、他人には見えない新しい世界観をいち早く発見することで成功したのである。

視野を広げるための6ステップ

本書では、これらの天才たちが持つ能力と、それを習得するためのトレーニングについて紹介する。ステップ1から5までは、新しいモノの見方を発見するために、視野を広げる訓練を行う。ともすると我々は、目に見えるもの、過去に経験したこと、常識の中、自分の内面に視野を閉じ込めがちになる。

しかし、情報革命後の世界においては、これまで我々が前提としてきたことの多くが変わっていく。その中を勝ち抜いていくためには、目に見えないもの、経験したことのない

視野を広げる方向性

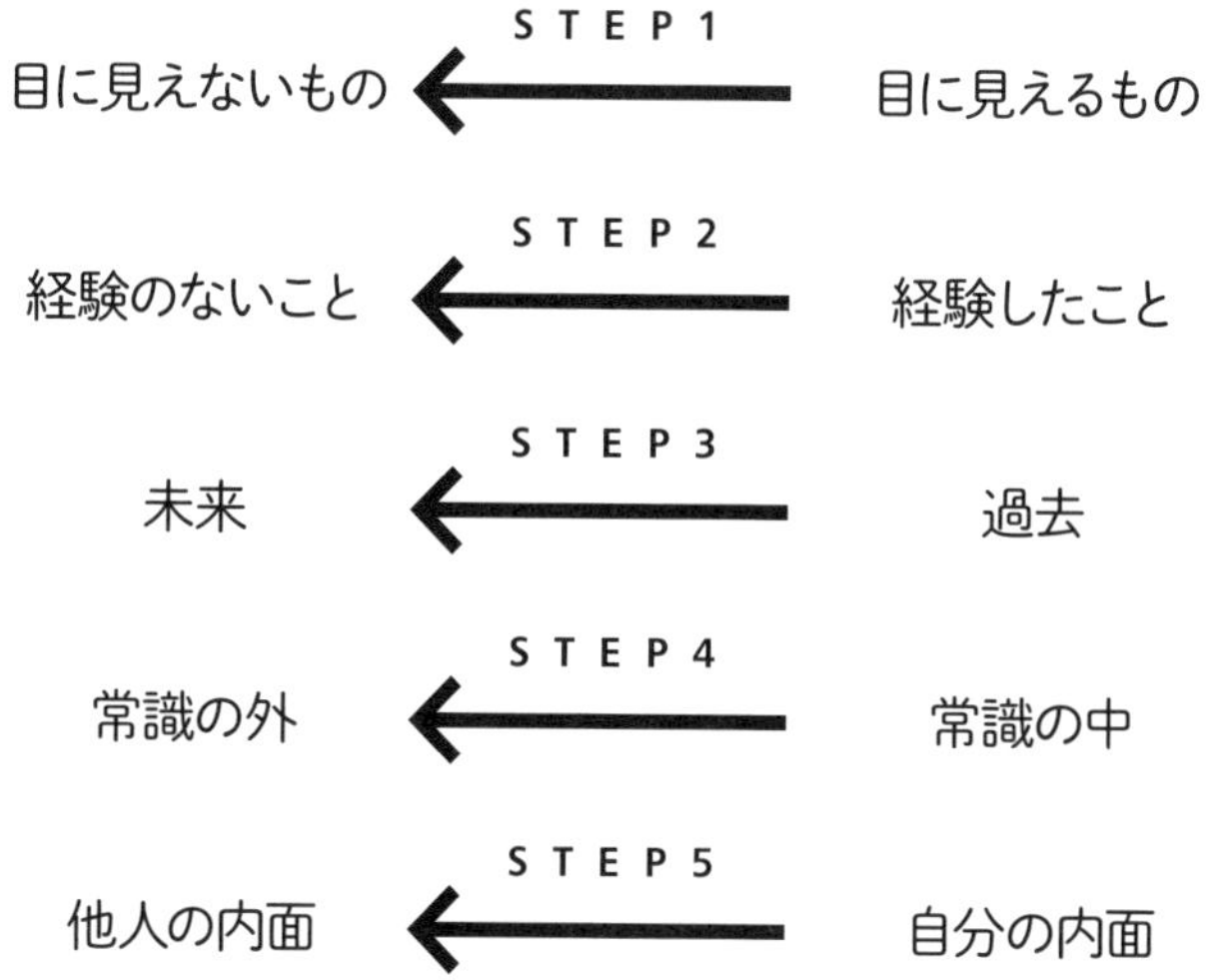

こと、未来、常識の外側、他人の内面に視野を広げていくことが求められる。その上で、いままで自分に見えていなかった新しいモノの見方を発見できるかどうかが問われるのである。

また、ステップ6では、新しいモノの見方について仮説を立てた上で、それが本当に現実を捉えているのかどうか検証することを通じて、目利き能力を養う訓練を行う。

こうした一連の流れの中で、あなた自身にも数多くのエクササイズをやってもらうことになる。エクササイズというと、何か試験問題や詰め将棋のように、明確な答えがあることを期待する人も多いだろう。しかし、ここにおけるエクササイズは禅問答のようなものだと考えて欲しい。100点の正解があるわけではなく、異なるモノの見方があることを感じ取るための訓練なのだ。

むしろ、「正解が欲しい」という欲求から解脱してもらうことが本当の目的である。問題が明確に規定されており、ひとつの正解が導ける時代はすでに終わった。いま、我々は問題の捉え方自体が根底から変わっていく時代に突入している。問題の見方を変えると答えも変わっていく。いわば無限に答えがある世界だ。その中で、一見答えらしきものを唯一の解と信じ込むことが極めて危険になってきている。「唯一の解がある」というモノの見方自体から脱却する必要があるのだ。

それができる人だけが新しい世界観を発見し、情報革命後の世界で勝ち残ることができる。その代表が先に挙げた7人の天才たちだ。そこで、あなたにも性急に答えを求めるのではなく、問題をさまざまな角度から捉える訓練に取り組んでみてもらいたい。

モノの見方を変えることが世界を変える

ステップ1〜6で紹介するエクササイズは、筆者が日ごろさまざまな企業で、ビジネスリーダーを育成するプログラムの中で使用しているものである。多くの企業のリーダーがこのプログラムを受けてきているが、受講後のアンケートの中でよくあがってくる意見は次のようなものだ。

- 先入観を捨てることにより、これまでと違うものの本質が見えてくることを実感した
- 普段考えないことを考えるという意味で非常に刺激になり、この半年で仕事においても考え方・ものの見方が変わったと実感している
- いったん案を出した後に、さらにいろいろと悩んで出した案が良いものであったり、これ以上アイデアが出ないと思っているときに思いついたりすることがあると強く

感じた

- 無意識の領域を活性化し、自分の頭の中にない発想を求める手法は新鮮だった
- 見えないものを見えないままにするのでなく、見ようと努力することで、なにかしら見えてくるものがある
- 仮説を立て検証することにより、新たな視点が生まれ、提案の精度が上がることがわかった

また、ステップ7では、少し時代を遡《さかのぼ》り、モノの見方を変えることで偉業を成し遂げた4人の天才たちを紹介する。そこで取り上げるのは、パソコンにおいてインテルに覇権をもたらしたアンドリュー・グローブ、倒産の瀬戸際に立ったIBMを復活させたルイス・ガースナー、シンガポールという島国を世界経済のハブにまで押し上げたリー・クアンユー、経営の神様と呼ばれた松下幸之助の4人だ。彼らの偉業を振り返ることを通じて、モノの見方を変えることが、世界を大きく変えるパワーにつながることを感じ取ってもらいたい。

2015年7月

高野研一

STEP 1

Larry Page & Sergey Brin

Son Masayoshi
Steve Jobs
Jeffrey Bezos
Philip Kotler
Suzuki Toshifumi
Andrew Grove
Louis Gerstner
Lee Kuan Yew
Matsushita Konosuke

グーグル創業者に学ぶ「見えないものを見る」トレーニング

グーグルが変えたもの

激しい環境変化の中をサバイバルできるビジネスリーダーとして、私がまず取り上げたいのがグーグルの創業者であるラリー・ペイジとセルゲイ・ブリンの2人である。

この2人は、スタンフォード大学のコンピュータ・サイエンスの博士課程にいたころに出会う。当時インターネットが普及し始めた時期で、ネット上に増殖していく膨大な量の情報をどう整理し、利用可能にしていくかというテーマで意気投合し、1998年にグーグルを立ち上げる。

この2人のつくった検索エンジンのおかげで、いま我々はネット上にある情報の海に埋没せず、必要な情報だけを取ってくることが可能になった。文字情報だけではなく、グーグルアースやグーグルマップ、ユーチューブのように、画像や動画まで検索できるようになったのだ。

この2人は、アップルのスティーブ・ジョブズやアマゾンのジェフ・ベゾスに比べると、あまり表に出ることがなく、目立たない存在であるが、情報革命の中で、これまで存在しなかった新しい世界を実現したという点では、ジョブズやベゾスに勝るとも劣らない。

いや、人類史上において革命的な変化をもたらしたという観点から見ると、両者をはるかに上回っているかもしれない。ここでは、ペイジとブリンの2人が世の中にもたらした変化を見るために、最初のエクササイズに取り組んでもらおう。

Exercise 1-1

グーグルの創業者であるペイジとブリンは、情報革命の寵児ともいえますが、グーグルの登場以前と以後とで、いったい我々の生活がどう変わったのでしょうか？

また、グーグルの登場が人類史上において「革命的」といえるのはなぜかについて考えてみてください。

グーグルの使命は、ホームページにも書かれている通り、「世界中の情報を整理し、世界中の人々がアクセスできて使えるようにすること」である。我々は皆、自分の周りに散らばっている情報を収集し、頭の中のファイルに整理して記憶している。「仕事」に関するファイル、「家族」に関するファイル、「趣味」に関するファイルなど、さまざまなジャンルのファイルがあり、どこにどの情報が入っているか、情報のマップが頭の中にできあがっている。

グーグルの登場以前は、我々は毎朝新聞を読んだり、テレビを見たりしながら世の中の情報を拾い集め、自分で整理し、頭の中の情報マップを充実させてきた。ところが、情報革命により、インターネット上の情報が爆発的に膨張したことで、もはや自分ひとりで情報を収集し、整理し、記憶することが困難になってきている。グーグルはその作業を自動化したのだ。

これによって何が変わったのかというと、頭の中の情報マップがグーグルのサーバー上に再現され、公共財になったのだ。家族や友人のようなプライベートな情報を除けば、大半の情報はいちいち収集して記憶しなくても、「ググる」ことで簡単に手に入れられるようになった。その結果、仕事や一般常識に関する頭の中の情報ファイルの整理を、グーグルにアウトソーシングする人が増えてきた。新聞や雑誌を読む人が減ってきているのはそこに原因がある。

これがさらに進んでいくと、我々の思考活動は個人としてだけでなく、社会全体で営まれるようになっていくだろう。頭の中の情報マップが、どんどんグーグルのサーバー上に置き換えられていくのだ。我々の脳とグーグルの境界線が次第に不明瞭になっていく。そして、社会知としてのグーグルが進化していく。我々の思考活動はそれと一体不可分になって行われるようになる。

アリや蜂の群れをイメージしてみてもらいたい。個々のアリや蜂には高度な知性はないが、彼らは集団で情報活動を営み、集団として高度な知性を発揮している。これが人類の新たな進化の方向性なのかもしれない。

これを、「個人の思考がグーグルという超越的存在によって支配されるようになる」と見るのか、「社会全体がいま何を考えているのかを、我々個々人が知ることができるようになる」と見るのかは、あなたの自由だ。

主役が情報の送り手から受け手に変わった

ここでさらに、ペイジとブリンによって、いかに我々のモノの見方が影響を受けたのかについて見てみたい。この2人が生み出した「ページリンク」というアルゴリズムは、情報に関する我々のモノの見方を大きく変えることとなった。

新聞の紙面やヤフーの画面を見ればわかる通り、かつて情報とは、それを提供する企業の意思によって選択され、並べられ、提示されるのが当たり前だった。数多くの見出しと情報がところ狭しとばかりに与えられ、その中から我々が好きな情報を拾い読みすることが許された。

ところが、グーグルの画面を見れば、それが当たり前ではないことを思い知らされる。そこには白い空間が広がり、真ん中に自分の好きなキーワードを書き込めるボックスだけがある。そこに我々の知りたいことを書き込むと、それにフィットした情報をグーグルが探してきて並べてくれる。しかも、そこに並べられた情報のフィット感が驚くほど高い。

つまり、ペイジとブリンは、送り手である企業の意思ではなく、ユーザーである我々のニーズに合わせて情報が提供される新しい世界観を見出したのである。

また、「アドワーズ」というサービスにより、広告を表示する際、広告主の意思ではなく、消費者のニーズに合わせてメッセージが選択される、まったく新しい広告モデルも実現した。消費者がどの広告を目にするかは、広告主の意思ではなく、消費者が入力したキーワードや、他の消費者が関心を持って広告をクリックした頻度によって決まるのだ。ここでは、もはや広告主が大金を積んでも、人気のない広告が消費者の目に触れることはない。

この二人は、情報や広告の送り手である企業が主であった時代から、受け手である我々が主となる時代への転換を実現したのである。

2人が秘密主義を取る理由

ところが、この2人が意外にも目立たない。グーグルを知らない人はいないが、ペイジとブリンを知らない人は少なくない。それは、「秘密主義」ともいわれる2人の振る舞いに原因がある。

情報革命の中では、大半の情報はインターネットに載せられ公共財となる。このため、情報そのものの市場価値はゼロになる。ところが、「人が何に喜びを感じるか」といった感覚的な知見は逆に価値が高まる。

グーグルのページリンクは、ホームページに貼られたリンクの数などに基づき、そのページの重要性をランキングするアルゴリズムだ。この発想は2人がスタンフォード大学の博士課程を出ていることと深く関係している。アカデミアの世界では、論文を書く際、参照した他の論文を明記することが求められる。このため、新しい発想やモノの見方の源流となった論文ほど、他の多くの論文から参照されるようになり、重要度の高い論文ということになる。

ペイジとブリンの2人は、この考え方を応用し、人の感覚に即してホームページの重要性を自動的に判定するアルゴリズムを開発したのである。言い換えれば、情報そのものでなく、「情報に関する情報（メタ情報）」を握ったところがグーグルの強みなのである。こうしたメタ情報は、人に知られていないからこそ価値を生む。これが、2人が秘密主義を取り続ける理由なのだ。

見えないモノに気づく人、見逃す人

こうして2人は、情報の重要性に関する人の肌感覚を、検索エンジンの中に取り込むことに成功した。その結果、グーグルの検索エンジンは、人間の脳に極めてよく似た働き方をするようになった。このため、人間から見て突飛な情報が出てこない。たまには突拍子もない検索結果が出るぐらいの方が、むしろ話題になって目立つのであろうが、あまりにもフィット感があり過ぎるがために、逆にその凄さが実感されにくくなっているのだ。

ところが、人間の脳と似た動きをするアルゴリズムをつくり、そこに世界中のあらゆる情報を入力したら、何が起こるだろうか。肉体の制約から自由になった進化した頭脳、あるいは全知全能の神のような存在が生まれるのではないだろうか。実際、世界中の地図情報をベースにした自動運転システムがグーグルから生まれてくるのを見ると、かつては神にしかできないと思われていたことが、グーグルによって可能になっていることがわかる。

人の脳に関する研究は近年急速に進んできており、そこからイノベーションが生まれるメカニズムも明らかにされてきている。ペイジとブリンの2人が人間の脳に近い検索エンジンを生み出したことと、まったく新しい世界観を発見したこととは無関係ではない。人間の脳や肌感覚に迫る中で、新しいモノの見方を発見する力が磨かれていったのだ。

情報革命という環境の激変をサバイバルするために、いま我々の目には見えていない新しい世界を発見することが求められている。そこで、ここでは、目に見えないものが見えるようになるメカニズムについて理解するために、2つ目のエクササイズに取り組んでもらおう。

Exercise 1-2

下の絵を見てください。

ここにはネイティブ・アメリカンの横顔が描かれています。

ところが、この絵をよく見ると、ネイティブ・アメリカンの横顔以外に、別のものが描かれていることに気づきます。

それは何でしょうか？

どうだろうか。あなたはここに何が描かれているのか発見することができただろうか?

筆者はよくセミナー会場で大勢の人にこの絵を見せる。最初に起立してもらった上でこの絵を示し、「ネイティブ・アメリカン以外のものが見えたら着席してください」というと、まず最初に5%ぐらいの人が着席する。この絵を見てすぐにそれが何かを発見できた人は、柔軟なモノの見方ができる5%ぐらいの人の中に属するといっていいだろう。

その後、場内がシーンと静まり返る中で、1人また1人とネイティブ・アメリカンの横顔以外のものの存在に気づき、「あっ」とか「ああ」といいながら着席していく。数分が経過し、半分ぐらいの人が座ったところで動きが止まる。それでもまだ半分ぐらいの人は、それが何なのかを発見できずに、頭を左右にひねってみたり、手のひらを目の前にかざしたり、片目をつむってみたりしている。

皆さんはこの絵の中に、ネイティブ・アメリカン以外のものを発見することができただろうか?

実はこの絵の中には、エスキモーが描かれているのだ。背中を向けて後ろ向きに立ち、右の方にある暗い穴の中(氷の家の入り口)に向かって進もうとしている人の立ち姿に気づくことができただろうか。淵に毛皮がついたコートを頭からかぶり、右手を前に差し出している。「まだエスキモーが見えない」という人は、この章の終わり（50ページ）に解説図を載せておくので、そちらを見てほしい。

この簡単な実験から何がわかるのだろうか。それは、「見えているのに見えないことがある」ということだ。ひとたびエスキモーの存在に気づくと、そこから先は自然にそれが見えるようになる。しかし、「あっ」と気づく瞬間を経験するまでは、それが見えているにも関わらず見えないという状況に置かれることになる。つまり、人が見ることのできる世界は、いつも同じではなく、また、人によっても違うのである。同じように世界を見ていても、新しい変化に気づく人と気づかない人がいるのはここに原因がある。

知られざる脳のメカニズム

それでは、どうすればいま見えていないものを見られるようになるのだろうか。その問いに答えるためには、人間の脳のメカニズムについて知る必要がある。そこで、ここでもうひとつエクササイズに取り組んでもらいたい。

Exercise 1-3

人が何かを一生懸命考えているときの大脳の稼働率を100%としたとき、まったく何も考えずにボーっとしているときの大脳の稼働率は何%ぐらいでしょうか？

選択肢は3つ。

① 2割以下
② 5割程度
③ 8割以上

のうちからひとつを選んでください。

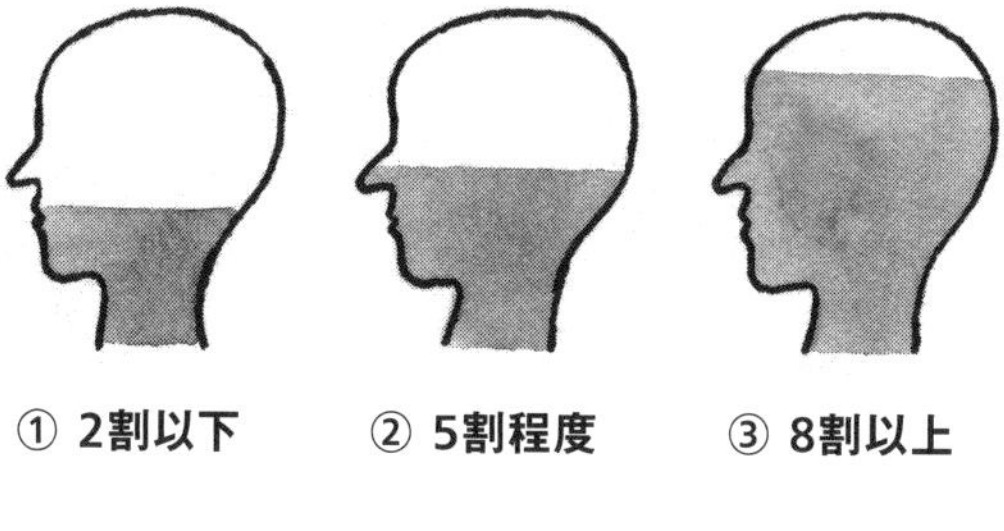

さて、皆さんはどれを選択しただろうか。何も考えていないのだから、ほとんど稼動していないのではないかという人は①を選んだだろう。逆に、何も考えていなくても、大脳の大部分は稼動しているのではないかという人は③を選んだに違いない。

この問いに対する正解は③の8割以上である。我々が何も考えていないときでも、大脳の大半は稼動しているのである。しかし、これが本当だとすると、結構重要なことを意味することになる。というのは、我々は自分の脳をフルに活用してものを考えたり、意思決定を行っているように感じている。

しかし、③が正解だとすると、我々が意識的に活用できるのは脳の2割以下に過ぎず、それ以外の部分は、何に使われているのかすらも意識できないところで働いていることになる。我々が脳を使いこなしているというよりも、我々が意識しないうちに、脳によって動かされているといった方が実態に近いのかもしれない。

かつては大脳の8割は使われていないと考えられていた時代もあった。ところが、診断装置が発達してきたことにより、我々が何も考えていなくても、脳の大半は活動していることがわかってきているのだ。

無意識の世界で、「グーグルのようなこと」が行われていた！

それでは、この脳の8割以上を占める無意識の世界では、いったい何が行われているのだろうか。私自身の経験の中から、その手がかりを挙げることができる。私は朝風呂に入る習慣があるのだが、なぜか風呂に入っているときにいいアイデアを思いつくことが多い。

ただ、なぜ風呂に入っているときにいいアイデアが浮かんでくるのかは自分にもわからない。今日このアイデアが浮かんできたということは、明日浮かんでくるであろうアイデアもどこかにあるはずだが、仕掛かり中のアイデアについてはまったく意識することができない。こう考えてみると、脳の活動の8割を占める無意識の世界は、新しいアイデアをつくることに使われているのではないかという仮説が成り立つ。

実際、脳科学の進化のおかげで、この無意識の世界の働きがおぼろげながら明らかになってきている。驚くことに、そこでは、グーグルの検索エンジンのような活動が行われているのだ。まず、無意識の世界には、我々が経験したことに「タグ」を付けて記憶しておく機能がある。次に、外部から五感を通じて刺激が入ってくると、その刺激と関連するタグを持った過去の記憶を瞬時に検索し、そこで引っ掛かってきた記憶を組み合わせて、刺激を解釈する「モノの見方」をつくり出しているといわれている。

例えば、動物がかすかな物音や匂いから、近くに敵が迫っていることをイメージできるのは、音や匂いという刺激を受けて無意識の世界が検索を行った結果、敵に関する過去の経験が引っかかってくるからである。

我々人間も、「このままいくと何かまずいことになりそうだ」と予感することがある。目の前で問題が起こっているわけではないにも関わらず、潜在的な危険を感じるのは、意識しないうちに何らかの刺激が五感を通じて入ってきて、無意識の世界が検索を行った結果、過去の失敗経験が引っかかってきたことを意味するのだ。

無意識の世界を刺激しよう

先ほど、「ネイティブ・アメリカンの絵の中にエスキモーが見えますか？」というエクササイズをやってもらった。そこで、押し黙ったまま頭を左右にひねったり、片目をつむったりしながら、ある瞬間「あっ」とエスキモーの存在に気づく人の姿について書いた。そこでは、まさに脳の無意識の世界が絵を解釈できずに困り、さまざまな検索パターンを試している状況が浮かび上がる。そしてある瞬間、人が立っている姿がおぼろげながら意識の世界に浮かび上がってきて、「あっ」という声とともに、それが鮮明に見るようになる。

これが、無意識の世界で新しいモノの見方が生まれ、意識の世界に飛び込んできた瞬間だ。言い換えれば、我々は無意識の世界がつくり出したモノの見方の範囲の中でしか、モノを見ることができないようになっているのだ。

つまり、脳の活動の2割程度しかない意識の世界で一生懸命考えていても、我々のモノの見方は変わらない。すでに頭の中に存在するモノの見方に縛られるだけで、かえってそれ以外のモノの見方ができなくなる。我々が新しいモノの見方を発見するためには、むしろ意識の世界は使わない方がいい。それよりも、無意識の世界を刺激し、揺さぶることが、新しいモノの見方の発見につながるのだ。

こうしたことは、実は200年以上もまえにエマニュエル・カントという哲学者がいい始め、それ以来多くの哲学者が研究テーマとしてきた。それが診断装置の発達などにともない、哲学から科学の世界に移りつつあるのが現在だといえる。こうした知見を我々も生かさない手はない。

実際、これから本書の中で取り上げる天才たちは、すでに哲学者たちと同様に人間の脳のメカニズムにいち早く気づき、新しいモノの見方を発見することで、環境変化の中をサバイバルしてきたことに、いずれ読者の皆さんも気づくだろう。

「あっ」という瞬間は、そう簡単には訪れない

それでは、無意識の世界を活性化させ、ペイジやブリンのように、いま見えない世界を発見できるようになるためには、どうすればいいのだろうか。そのためのトレーニング法として、自分が行ったことのない場所に行き、会ったことのない人と会うことをお勧めしたい。

なぜなら、それによってこれまで触れたことのない刺激が、五感を通じて自分の中に入ってくるからだ。新しい刺激に触れれば、無意識の世界がそれを解釈できずに困り、勝手にいろいろな検索パターンを試し始める。ネイティブ・アメリカンの絵をはじめて見せられたときのように、さまざまな角度から観察する状況に入るのである。

また、新しいことを経験すると、それにタグがくっついて自分の頭の中に蓄積されていく。そうしているうちに、ある日ひょんなことから新しい経験と古い経験が検索に引っかかり、組み合わされ、今まで自分の中に存在しなかったモノの見方ができあがり、突然意識の世界に飛び込んでくる瞬間を経験できる。これが、「あっ」という

瞬間だ。そこから、今まで見えていなかった世界を見ることができるようになる。

話は変わるが、一流のビジネスマンに会い、自分のモノの見方が大きく広がったときの話を聞くと、海外に赴任したときの話がでてくることが多い。海外では日本にいては入ってこない刺激が毎日のように自分の中に入ってくる。最初のうちは何となく違和感を覚えながらも、それがいったい何なのかを言葉では説明できない日々が続く。

ところが、2~3カ月こうした状態を続けていると、ある日突然、いままで気づかなかったことに気づく瞬間が訪れる。「この国の人たちにはこんな習慣があったのか」という瞬間だ。そしてそれが、「だからこの商品が売れなかったんだ」という気づきに発展していく。

こうした「あっ」という経験を積み重ねることで、自分に見えていなかった世界が見えるようになり、ビジネスマンとしての視野が広がっていくのである。

ただし、ここで注意しておいて欲しいのは、「あっ」という瞬間は、すぐには訪れないということだ。新しい経験にタグが付いて蓄積していくのには時間がかかる。それがひょんなことで検索にひっかかり、新しいモノの見方につながるまでには、少なくとも2~3カ月はかかる。1週間の視察旅行でモノの見方が変わることはない。このため、「あっ」という瞬間が訪れるまで、気長に地道に取り組んでいく必要がある。

花王はどうやって「消費者の潜在ニーズ」を捉えるのか

実際、こうした原理を応用して、すでに人材の育成に成功している企業がある。ここでは花王とザ・リッツ・カールトンの2社を紹介したい。

花王は、脂肪を消費しやすくするお茶「ヘルシア」を筆頭に、ユニークな商品を生み出す企業として有名だ。「石鹸メーカーがなぜお茶を？」と思う人もいるかもしれないが、汚れを本当に落とそうとすると、人の代謝のメカニズムに迫る必要がある。そこから、「脂肪を消費しやすくする飲料」という着想が生まれてきたのだ。花王はこうした既成の概念に囚われない大胆な考え方をすることで知られている。

その中でも特に花王らしいのは、「消費者の潜在ニーズを捉える」ことに挑戦していることである。「潜在」とわざわざ付けていることからわかるとおり、外から見えにくいだけでなく、消費者自身も意識していないニーズ、消費者インタビューをしても出てこないような要望を捉えようとしているのだ。

「そんなことが可能なのだろうか？」と思う人もいるかもしれないが、それが可能なのである。それでは、ここでまたエクササイズに取り組んでいただこう。

Exercise 1-4

消費者自身も意識していないニーズ、
消費者インタビューをしても
出てこないような要望を捉えるためには、
何をすればいいのか考えてみてください。

✲ヒント
花王の商品開発担当者が、
どのように消費者の潜在ニーズを捉えようとしているのか、
そのためにどうやって無意識の世界を刺激しているのかについて
イメージしてみましょう。

さて、皆さんの頭の中にはどんなアイデアが浮かんできただろうか。それによって、自分自身も意識していないようなニーズに迫ることが可能だろうか。

ここで答えをいおう。まず消費者を徹底的に観察するのだ。花王には生活者研究センターという研究所がある。そこは通常の研究所とは少し異なり、モニターの消費者のお宅に伺い、主婦がお皿を洗ったり、お風呂を掃除したりしている姿をビデオで撮影する。その映像を研究所に持ち帰り、研究者が徹底的に観察するのだ。

「ただ、観察するだけで、潜在ニーズに気づくのだろうか」と感じるかもしれないが、この「観察」が決してバカにはできない。モニターの日常生活を観察することで、普段は触れることのない刺激が研究者の無意識の世界に入ってくるからだ。

そして、毎日のように観察を続けていると、次第にいろいろなことが気になるようになっていく。気になるということは、無意識の世界の検索活動に何かが引っかかっていることを意味する。「この奥さんは腰をかがめてお風呂の底を一生懸命擦っているが、何か落ちにくい汚れがあるのだろうか」「こんな姿勢で掃除をしていたら、腰が痛くなるだろうなあ」。こんな連想が次第に意識の世界に湧き上がってくるようになる。

そして、さらに観察を続けるうちに、今度は「この落ちにくい汚れがどんな物質か調べることはできないか」「それができれば、簡単に汚れを落とせる新洗剤をつくれるのではないか」といった仮説が浮かび上がってくるようになる。ここまでくれば、もう行動に移すことができる。実際に汚れのサンプルをもらい、製品の試作品をつくり、その奥さんに使ってもらえばいい。そして「あらぁ、これいいわねえ」という反応が返ってくれば、仮説が検証されたことになる。

花王の研究者はこんなことを日々実践している。これを毎日のように繰り返していると、次第に消費者の潜在ニーズを目利きできるようになっていくのだ。なぜなら、ビデオ観察を通じて家庭の主婦と同じ刺激を受け続けるうちに、研究者の無意識の世界の検索パターンが、次第に主婦の脳の中の検索パターンに合わせてチューニングされていくからである。これが、潜在ニーズという見えないものが見えるようになる原理なのである。

リッツのホテルマンが感動のサービスを提供できる理由

ザ・リッツ・カールトンもこれとよく似た原理を利用してホテルマンを育成している。リッツは1泊10万円以上する超高級ホテルで、感動のサービスを提供することで有名だ。ここに泊まる顧客の多くはＶＩＰで、他の一流ホテルはひととおり使ったことのある人ばかりだ。このため、普通のサービスを提供していては顧客の心を捉えることはできない。

そこで、リッツのホテルマンが挑戦しているのが、「顧客の感じていることの先を読む」ことである。顧客が何かを感じているが、まだ口に出す前にそれを察知し、要望に応えることができれば、感動のサービスになる。しかし、そんなことが可能なのだろうか。これが可能なのである。

リッツはホテルマンにフロアに立って、徹底的に顧客を観察することを求めている。1日2日観察していても特に変化は起きないが、こんなことを何週間も続けていると、次第にちょっとした顧客のしぐさや、視線の変化が気になるようになってくるのだ。

そうしているうちに、「あのお客さん、いま天井の方を見回していたな」「クーラーが効きすぎていて、送風口を探していたのかな?」「どこかに行こうとして案内板を探していたのかな」といった仮説が意識の世界に飛び込んでくるようになる。

ここまでくればあと一歩だ。リッツでは、仮説が頭に思い浮かんだら、顧客に声をかけることをホテルマンに奨励している。「クーラーが効きすぎですか?」と声をかけてみて、それが当たっていれば感動のサービスになる。仮に外れていたとしても、顧客は気を遣ってもらっているわけだから、悪い気はしない。「いや、このホテルで節税セミナーが行われていて、その場所を探していたんだが」という反応が返ってくれば、VIPの頭の中を垣間見ることができる。

こうしたことを繰り返しているうちに、次第にホテルマンの無意識の世界の検索パターンがVIPの頭の中に合わせてチューニングされていく。そして、顧客の感じていることの先が読めるようになっていくのだ。

2割の「意識の世界」が邪魔をする

この2つのケースから、「潜在ニーズ」や「顧客が感じていること」など、目に見えないものを見られるようになるためには、「観察する」「仮説が思い浮かぶ」「それを検証する」のパターンを繰り返すことが、有効なトレーニング法になっていることがわかる。

ここでは「意識の世界で考える」というやり方を取っていないことに注意していただきたい。それをしても、既成のモノの見方に染まったアイデアしか出てこない。脳の2割を活性化させることによって、逆に8割の無意識の世界の活動が妨げられてしまうのだ。

無意識の世界を活性化させるには、行ったことのないところに行き、会ったことのない人と会い、これまで触れたことのない新しい刺激を受け続けることが必要になる。考えるのではなく、ひたすら観察を続けるのだ。

これを数週間、時には数カ月続けていると、次第に何かが気になるようになってきて、ある日それが新しいモノの見方、すなわち「仮説」として結実する。そして、その仮説を検証することを繰り返すことで、次第に見えなかった世界が見えるようになっていくのだ。こうすることによって、脳の100%の力を引き出すことが可能になる。

無意識がもたらすイノベーション

この無意識の世界のメカニズムは、実はイノベーションとも深く関係している。イノベーションを起こすのは人間だけだ。それは、脳の構造に原因がある。人間の脳は動物に比べると圧倒的に脳細胞の数が多い。このため、ひとつの経験に対して多くの「タグ」をつけられる。その結果、無意識の世界が検索をしたとき、一見関係のない記憶まで引っかかってきてしまうことがある。人間が駄ジャレをいったり、比喩を使ったりするのはここに原因があるのだ。（「ページリンク」という言葉が、ラリー・ペイジとホームページの語呂合わせになっていることに着目してほしい。)

ところが、これがイノベーションを生み出す鍵にもなっている。かつて石のかけらと木の棒を見て、ヤリという道具を思いついた人類がいた。この人の頭の中では、なぜか石のかけらと木の棒が、同時に検索に引っかかったのだ。狩りをするときの状況を思い浮かべていたのかもしれない。

そのとき、突然「あっ」という瞬間が訪れた。ヤリという新しい概念が形成され、意識の世界に飛び込んできた瞬間である。こうした、異なる2つの概念の上に新たに生まれてきたもののことを「メタ概念(上位概念)」という。このメタ概念を生み出す力が、イノベーションの源泉になっているのだ。

ペイジとブリンの2人が、情報や広告の送り手でなく、ユーザーが主導権を持つ新しい世界観を発見できたのも、こうした脳のメカニズムに拠っている。彼らには、誰よりも早くエスキモーが見えたのである。

2人が見出した新たな世界観はこれだけにとどまらない。2人の視線の先には「自分で何を探しているのかわからなくても、グーグルが勝手に教えてくれるようになる」という世界の姿がすでに見えているのだ。

それでは、こうした「発見」を加速する方法はあるのだろうか。それがあるのだ。後にも出てくるソフトバンク創業者の孫正義氏は、実際にそれに取り組んでいる。「1日1発明」を自らに義務づけているのだ。ここで、またエクササイズに取り組んでもらおう。

Exercise 1-5

孫さんが
イノベーションが生まれる原理を応用して、
1日にひとつビジネスモデルを
発明するために実践している方法を
考えてみてください。

＊ヒント
大きめの付箋紙を使います。

さて、「1日1発明」のために孫さんがやっていることについてイメージが湧いただろうか。

どうやっているのかというと、大きめのポストイットなどの付箋紙に思いついたキーワードを書いて、壁にぺたぺた貼っていくのだ。その中から、あたかもトランプの神経衰弱をするかのように、2枚の付箋紙をアット・ランダムに取ってきて並べるのだ。そこには、一見関係のない2つのキーワードが並ぶことになる。そこから何か新しいビジネスモデルが連想されるまで、寝ずに神経衰弱を続けるのである。落語の三題噺のようなことを毎日繰り返しているといえよう。

孫さんのやっていることを見ると、イノベーションを生み出す無意識の世界のメカニズムを、意識の世界に引っぱり出してトレーニングに応用していることがわかる。孫さんの大胆な発想の裏には、こうした地道な訓練がある。実際、孫さんは「意思を持つことで脳は進化する」とまでいっている。

「1日1発明はちょっと敷居が高い」「そんなことをしたら寝られなくなってしまう」「進化までしなくていいから、進歩ぐらいできないか」という人には、もう少し簡単なトレーニング法を紹介しよう。

まずノートを1冊買ってもらいたい。そして、毎日そのノートを持ち歩き、何か気になったことがあれば、そのノートに書きとめる習慣をつけて欲しい。気になったということは、無意識の世界の検索活動に何かが引っかかっていることを意味する。それを書きとめておくのだ。キーワードだけで構わない。

その上で、1日に1回でいいから、そのノートを斜め読みしてもらいたい。こうすることにより、無意識の世界の活動を、意識の世界に引っ張り上げることが可能になる。自分の無意識の世界が何を気にしているのかが浮かび上がってくるのだ。そして、キーワード同士がつながって、新しいモノの見方が生まれるまでの時間を短縮することができる。

くれぐれも、「1日2日やってみて成果が出ないからやめる」ということのないよう注意してもらいたい。また、成果を出そうと焦って、意識の世界で必死に考えてみても徒労に終わる。ただ、心を澄まして周囲を観察することを自分に習慣づけていただきたい。

STEP 1

まとめ

目に見えないものを見られるようになるために、次のトレーニングに取り組んでみましょう。

◎行ったことのないところへ行き、会ったことのない人と会う。

◎それを続けながら、気になったことをノートに書きとめる習慣をつける。

◎ノートを毎日1回斜め読みする。

◎ある日突然、「あっ」という声とともに、新しいモノの見方が浮かんでくるまでこれを続ける。

Exercise **1-2のエスキモー**

STEP
2

Larry Page & Sergey Brin
Son Masayoshi
Steve Jobs
Jeffrey Bezos
Philip Kotler
Suzuki Toshifumi
Andrew Grove
Louis Gerstner
Lee Kuan Yew
Matsushita Konosuke

孫正義に学ぶ「自分の器を超えた問題に挑む」トレーニング

壮大な「人生50年計画」

目に見えないものが見えるようになる、脳のメカニズムを理解したところで、次に取り組んでもらうのは「自分の器を超えた問題に挑む」トレーニングだ。ここで、先ほど「意思を持つことで脳は進化する」と語っていたソフトバンク創業者の孫正義氏にご登場願おう。

孫さんに関してまず驚かされるのは、19歳のときに「人生50年計画」を打ち立て、現在までのところそれを着実に実行してきていることだ。また、その50年計画の中身がすごい。「20代で名乗りを上げ、30代で軍資金を1000億円貯め、40代でひと勝負し、50代で事業を完成させ、60代で事業を後継者に引き継ぐ」。

20代で名乗りを上げるところまでは誰にもできるが、「30代で軍資金を1000億円貯め」といった瞬間から、雲をつかむような話になってしまう。こうした、自分の器をはるかに超えた挑戦を自らに課しながら、脳を進化させてきたのが孫さんなのである。

アイデア出しにおける「やってはいけないこと」

孫さんのように大きな野望に挑戦しなかったとしても、ビジネスリーダーとしてキャリアアップしていく過程で、あるところから自分の器を超える問題に取り組まなければならなくなる時期が訪れる。課長ぐらいまでは、高度な専門性を身に付けてさえいれば、自分で問題を解決できることが多い。ところが、部長になったところぐらいから、自分の力だけでは解決できない問題に直面するようになる。

というのは、部長クラスになると、解決しなければならない問題の性質が変わっていくからだ。それまでは問題の枠組みが比較的明確で、専門知識があれば解決できる現場レベルの問題が多い。ところが、部長以上になると、「企業価値をどう高めるか」といった問題に直面するようになる。そもそも企業価値をどう定義するかといったところから、さまざまな解釈の余地があり、問題の枠組み自体が混沌としたものになっていくのだ。

こうした問題は、営業、開発、製造といった特定機能の経験だけで解決できるものではない。それまでに自分が蓄積してきた専門知識や経験だけでは問題を解決できなっていく。問題の大きさが自分の器を超えてしまうのである。

孫さんは、30代で1000億円の事業価値を生み出すことを自らに課した。とても自分の専門性や経験だけで解決できる問題ではない。こうした問題に対して、どうやって解決策を見出したのだろうか。

この問いについて考えるために、ここでひとつエクササイズに取り組んでもらおう。

Exercise 2-1

あなたが結婚式場の経営者だとして、自社の売上を大きく上げる方法を考えてください。

また、いくつかのアイデアの中から、最もインパクトの大きいアイデアを絞り込んでください。

どうだろう、いいアイデアは出てきただろうか。

私はよく企業向けのビジネスリーダー育成プログラムの中で、さまざまな企業の幹部候補の人たちにこの問題を解いてもらう。そのとき、多くの人がやってしまいがちなのが、頭に思い浮かんだアイデアを箇条書きにして並べていき、その中から最もインパクトの大きそうなものに丸をつけるというやり方だ。

キャンペーンをやる、婚活サイトとアライアンスを組む、式を派手に演出する、再婚市場を開拓する、海外に進出するなどのアイデアがよく挙がってくる。中にはペットの結婚式ビジネスを始めるといったアイデアを出す人もいる。

しかし、このアプローチをとった人は注意が必要だ。このやり方は、頭の中にあるアイデアをひとつずつ取り出しては書いていくことを意味する。このため、どこかで筆が止まる瞬間が訪れる。そこまでは自分に見えている世界だが、そこから先は自分に見えない世界が広がっている。筆が止まったということは、ちょうどその境界線まで来たことを意味する。ここで多くの人は、それまでに書き出したアイデアを分類したり並べ替えたりしながら、インパクトのあるものを絞り込んでいく。

このときに注意しなければいけないのは、このやり方が効果を発揮するのは、自分の頭の中にすでに答えがある場合に限られるということだ。現場のオペレーションに関する問題であれば、それが当てはまるだろう。

ところが、「ある事業の売上を大きく伸ばす」といった問題を解こうとすると、このやり方は途端に破綻する。なぜなら、すでに頭の中にあるアイデアを取り出してきて売上が大きく伸びるぐらいなら、もうすでに伸びていなければおかしいからだ。これまでよほど怠慢をしてきたのでない限り、こうした問題の答えは頭の中には存在しない。自分に見えていない側の世界の中にある。つまり、問題の大きさが自分の器を上回っているということだ。そこに気づかなければ、この問題を解くことはできない。

こうした自分の器を超えた問題を解くときには、まったく異なるアプローチが必要になる。自分に見えていない世界の中にある答えを、たぐりよせるスキルが必要になるのだ。

重要なのは、構造を解き明かすこと

それでは、自分の経験や知識だけでは解けないような、自分の器を超えた問題にアプローチするにはどうすればいいのだろうか。ここで助けになるのは、「問題の構造を解明する」ことである。

先ほどの問いの場合、問題とは「結婚式場の売上をどうやって上げるか」である。そこで、問題の構造を解明するために、「結婚式場の売上とは何か？」という問いを立ててみよう。すると、「売上＝挙式する組数×１組あたりの単価」という形で、２つのファクターに分解できることがわかる。そうすると、「挙式する組数を増やすために何ができるのか」「単価を上げるためにできることはないか」といった論点が自ずから浮かび上がってくる。

次に、「挙式する組数とは何か？」という問いを重ねると、「挙式する組数＝市場全体の挙式組数×当社のシェア」という2つのファクターがさらに浮かび上がってくる。すると、「市場規模はいったいどのぐらいあるのか」「それは5年前と比べて増えているのか、減っているのか」「当社のシェアはどのぐらいなのか」「シェアを上げるために、どこから顧客を奪えばいいのか」といった形で、論点が勝手に広がっていく。

さらに、「１組あたりの単価はいくらぐらいなのか？」という問いを立ててみよう。統計によれば、３００万円台という数字がある。ところが、すべての人が３００万円台で挙式しているかといえば、そうではない。

一流ホテルで披露宴をやろうとすると、「４００万円ぐらいは用意しておけよ」といわれることが多い。地元の結婚式場でカジュアルにやろうとすると、２００万円ぐらいで挙式することも可能だ。中には、「うちの娘にはいくら贅沢させても構わない」という金持ちもいる。こうした人たちは、1000万円以上かけてもやるだろう。

このように、一口に「1組あたりの単価」といっても、少なくとも3つぐらいのグレード、セグメントに区分できることがわかる。そうすると、「5年前と比べて市場規模が伸びているセグメントはないか」「単価が上がっているセグメントはないか」「他社から顧客を奪いやすいセグメントはどこか」といった論点が浮かび上がってくる。

構造がわかったら、調べてみよう

このように問題の構造を解きほどいていくと、今度は調査をかけることが可能になる。その結果、全体としては市場が縮小しているにも関わらず、富裕層セグメントでは挙式する組数も単価も上昇傾向にあることがわかってきたりする。このため、富裕層向けには「組数を増やす」「単価を上げる」といった手段を考えてみる余地があるが、それ以外のセグメントでは「単価を上げる」といってみても、そう簡単ではないことがわかってくる。

あるいは調査を進めるうちに、この業界は全国に無数の小規模事業者が分散している構造になっていることも浮かび上がってくるだろう。というのは、結婚式には親戚や職場の同僚を呼ぶ必要があるため、誰にでも「この街でなければいけない」という場所がある。このため、全国に事業者が分散する構造になりやすいのだ。

逆にいえば、こうした立地の制約を乗り越えるために、東名阪で事業者を買収することによって売上を上げる方法があるかもしれない。実際にそうやって成長している企業も存在する。

また、ホテルのように、結婚式を本業にしているわけではない事業者もいる。こうした事業者は、結婚式だけをしてもらって終わりでは困る。自社で披露宴もやってもらいたいし、宿泊もしてもらいたいだろう。

逆にいえば、「ハワイで挙式しませんか」「一流シェフの○○さんのレストランで披露宴をやりませんか」といった、一流ホテルにはできないアプローチを取ることで、お客さんを奪うという方法があるかもしれない。市場全体が縮小していても、他社からシェアを奪うことができれば、売り上げ増加は可能になる。

「分析」「ロジカルシンキング」には限界がある

このような形で、「売上とは何か」「挙式する組数とは何か」「単価とはいくらか」といった問いを重ねることによって、目に見えない問題の構造、すなわち売上高を左右するファクターが浮かび上がっていく。そして、問題の構造が解明されるにつれ、それまで頭の中になかったアイデアが勝手に浮かび上がり、できること、できないことが明らかになってくる。その中から、売上高に対して大きなインパクトをもたらすことのできるドライバーをたぐり寄せることが可能になるのだ。

ここでは、「金持ちにフォーカスを絞ったマーケティングで富裕層セグメントの市場規模を拡大する」「富裕層セグメントに特化したサービスの開発により単価を引き上げる」「一流ホテルができないサービスを提供してシェアを奪う」「東名阪で結婚式場を買収して挙式組数を増やす」などが売上拡大に直結するドライバーになりうる。

ここで重要なのはイマジネーションを広げることであり、ステップ1でやった、無意識の世界を活性化させるアプローチが応用できる。問題をさまざまな角度から観察する、市場の中を歩き回ってみる、潜在的なユーザーと会ってみることなどにより、いままで入ってこなかった刺激に触れているうち、ある日突然見えていなかったファクターが意識の世界に飛び込んできて、頭の中になかった解をたぐり寄せることが可能になるのだ。

つまり、自分の器を超える問題を解くためには、分析力やロジカルシンキングだけでは限界があるということだ。イマジネーションを広げる力、目に見えないものを見る力こそが必要になることがわかる。

アインシュタインの問題解決法とは？

話は変わるが、アインシュタインがこんなことをいっている。

「私は地球を救うために1時間の時間を与えられたとしたら、59分を問題の定義に使い、1分を解決策の策定に使うだろう」

ここで、アインシュタインが「問題の定義」といっているのが、「問題の構造を解明すること」を意味する。地球が何がしかの危機に直面しているときに、どうすれば救えるのかという問題は、アインシュタインのような天才にとっても「自分の器を超える問題」であろう。そのとき、地球が直面している危機とは何で、そこから救われた状態とはどのような状態なのかを解明することに大半の時間をかけるといっているのだ。それができれば、解決策などは1分で出てくるということだ。

これに対して、アインシュタインの言葉を聞いたある大学の学長は、こんなことをいっている。

「ほとんどの人は、60分の時間を、本質的ではない問題の解決策を考えることに使ってしまっている」

つまり、ほとんどの人は問題を与えられると、まず頭の中に思い浮かんだ解決策を次々と紙に書き出そうとする。そして、それを分類したり絞り込んだりすることに60分を費やしてしまう。ところが、1時間の時間を使い切ってしまったところで、実は答えは自分の頭の中ではなく、外にあったことに気づく。

「地球を救う」といった自分の器を超える問題の答えが、自分の頭の中にすでにある人などいない。答えは自分に見えない世界の中にある。ところが、そんなことにも気づかず、多くの人がいま見えている世界の中に答えを求めて探し回る。それはなぜだろうか。

それは、人は答えがないと不安を感じる生き物だからだ。その不安を抑えるために、何でもいいから答えらしきものを手にしたがる。こうした習性が、自分の器を超えた問題を解くことを難しくしている。

考えてみれば、動物には自分の器を超えた問題を解く必要などないのかもしれない。このため、人間にもそうした能力が自然には身に付かないようになっているのだろう。逆にいえば、目に見えない問題の構造を解明する力を身に付けることができれば、この本の中で取り上げる天才たちに近づくことも夢ではないということだ。

ソフトバンクが立ち上げに成功した理由

ここで、ソフトバンクの孫さんの話に戻ろう。孫さんはなぜ自分の会社を「ソフトバンク」と名づけたのか、あなたはご存知だろうか。それは、最初パソコンソフトの卸売業から会社をスタートさせたからである。

まだ１９８０年代の初め、シャープやＮＥＣの個人向けパソコンが世に出始めたころであった。当初はマニアが自分でプログラミングをして楽しんでいたのだが、次第にパソコン用のソフトウェアに対する需要が高まっていく。

そのころ、パソコンソフトの最大手メーカーはハドソンという会社で、上新電機などの大手家電量販店を通じて、パソコンユーザー向けに販売が行われていた。孫さんは、パソコンソフトの将来性に着目し、メーカーと小売店を仲介する卸売業に参入したのだ。

孫さんは短期間のうちに事業の立ち上げに成功し、一時は市場シェアの8割を奪取している。それを可能にしたのが、「問題の構造を解明する力」であった。ここであなたにも、起業家としてスタートしたときの孫さんになったつもりで、どうやって事業を成功させたのかについて考えてもらおう。

Exercise 2-2

あなたがソフトバンクを起業した当時の孫さんだったとして、どのようにパソコンソフトの卸売業を成功させるか考えてみてください。

＊ヒント
成功した状態を解明できれば、答えは自ずから浮かび上がってきます。

いいアイデアは出てきただろうか。

当時パソコンソフトの最大手メーカーは先にも述べたとおりハドソンであった。孫さんはそのハドソンから、独占販売権を買い取るという離れ技を思いついたのだ。そのために、当時資本金を上回る大金を調達し、ハドソンに払い込んでいる。規模こそ違うが、スプリントを買収するために2兆円近いお金を払い込んだようなことを、すでにこのころからやっていたのである。

危ない橋を渡ったものの、それによって、最大手メーカーの製品を独占的に販売できるようになった。その結果、多くの小売店が喜んでソフトバンクと取引するようになった。つまり、孫さんは顧客を買収したのである。

ところが、ハドソンの側に立ってみると、独占販売権を売り渡すのはいいが、ソフトバンクが商品をさばき切れなかった場合、今度は困るのは自分たちだ。そこで、孫さんは川下に商品を流すことを保証する必要があった。

ここで着目したのが、当時パソコンソフトの小売の最大手であった上新電機だ。ソフトバンクは上新電機に徹底的に尽くす戦略をとって、店頭でのパソコンソフトの売上げ増加に貢献した。これによって、パソコンソフトの上流と下流を押さえ、太い商流を自社の中に取り込むことに成功したのである。

こうしたアイデアは、孫さんの頭の中に初めからあったものを、ポッと取り出してきたものではない。市場の中を歩き回り、会ったことのない人と会い、市場の構造を解明する中から、たぐり寄せることに成功したアイデアなのである。

「市場」「事業」「収益」の3つの構造を解明する

さて、ここで、ビジネスリーダーにとって解明しなければならない「問題の構造」とは何かを考えてみたい。それは市場の構造であり、事業の構造であり、収益構造である。そして、この3つの構造の間にはリンケージがある。そのリンケージを最初に解明した者が、最も有利なポジションを獲得できる。これがビジネスというゲームだ。

ここで、①市場構造、②事業構造、③収益構造のリンケージについて理解するために、証券会社の事例を使ってエクササイズをしてみたい。証券会社とは、株の売買を仲介することを業としている会社で、我々が株式投資をするときには必ずお世話になる会社である。野村證券や岡三証券などの伝統的な証券会社の他に、インターネットでの売買に特化した松井証券、楽天証券のようなオンライン証券もある。

Exercise 2-3

伝統的証券会社とオンライン証券会社の違いをリストアップしてください。

①ターゲットとする顧客
②事業の特徴
③コスト構造

の3つの観点から、両者の違いが浮かび上がるように整理をしてみてください。

どうだろうか。両者の違いがクリアにイメージできただろうか。

図1は証券会社の市場構造を表現したものである。市場を2つの軸で区分することで、顧客を分類している。

顧客を分類するときの軸には、お客さんである個人投資家が証券会社を選ぶときの選定基準を用いている。通常、個人投資家が証券会社を選ぶときに考えるのは、「投資アドバイスをどれだけくれるか」と「手数料がどれだけ安いか」の2つであろう。そこで、それを縦軸と横軸に使って市場を区分したのが**図1**である。

こうすると、左上のゾーンには「手数料は多少高くても構わないので、投資アドバイスがたくさん欲しい」という顧客が属し、右下のゾーンには「投資アドバイスはいらないので、手数料を格安にして欲しい」という顧客が属することになる。このように、顧客を分類することをマーケティングの世界では「セグメンテーション」と呼ぶ。

こうして、個人投資家を大まかに2つのゾーンに分類し、それぞれどのぐらいの数の投

図1　証券会社の市場構造

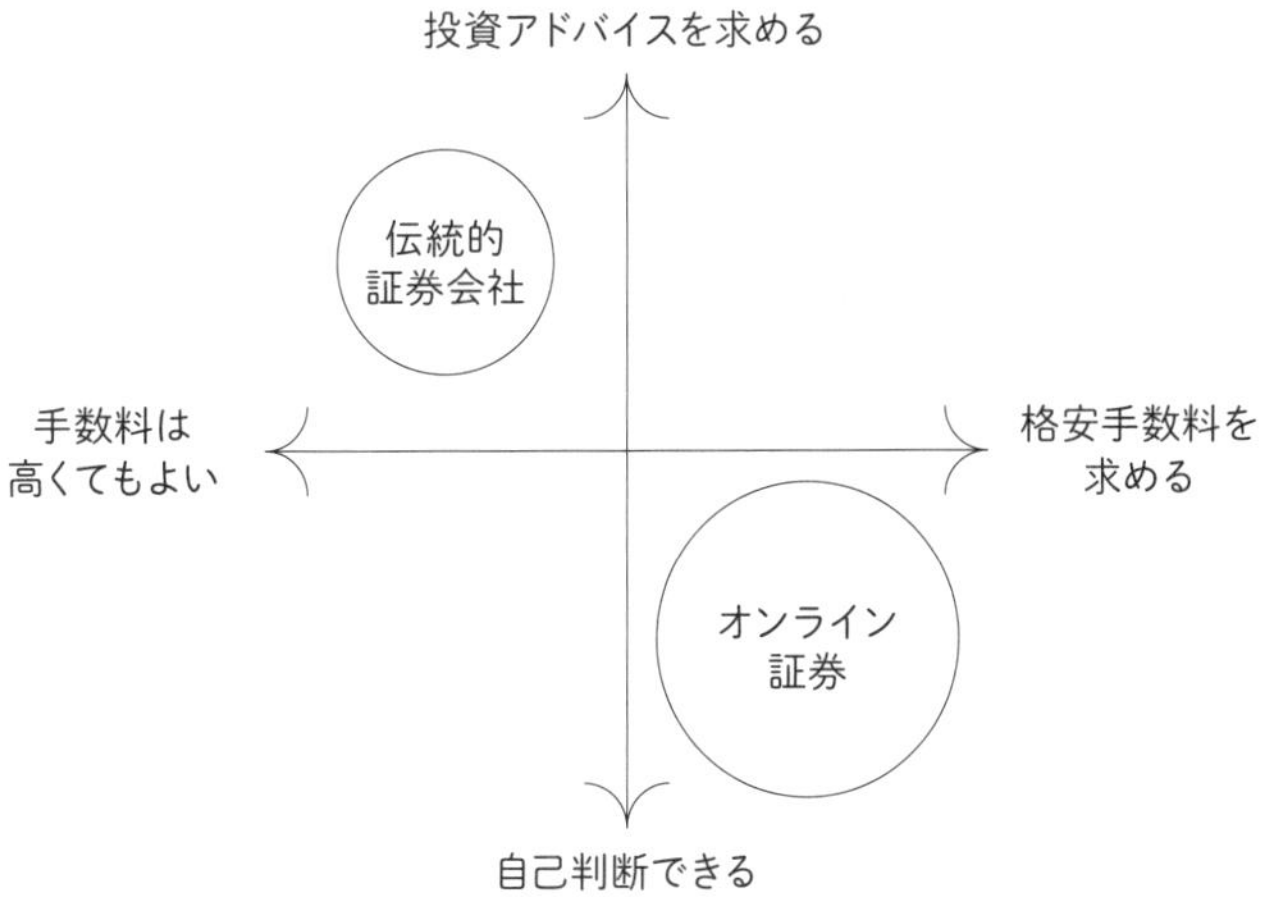

資家がいるのかを調べられれば、市場の構造を解明することができる。

ここで、伝統的な証券会社は、左上の投資情報を求める投資家をターゲットとしており、オンライン証券は右下の格安手数料を求める投資家をターゲットにしていることがわかる。

市場と事業のあいだのつながりを読む

次に、事業構造を解明してみよう。伝統的証券会社は投資情報を求める投資家をターゲットにしていることから、営業担当者が顧客のお宅を訪問して情報提供したり、店頭に来た顧客に窓口の担当者が情報提供したりする、対人サービスを基本とした事業構造になる。

これに対して、オンライン証券は格安手数料を求める顧客をターゲットにしていることから、店舗や人は極力抱えず、すべてをオンラインサービスで提供する事業構造になっている。ターゲットとする顧客が違うと、事業構造にまで大きな違いが出てくることがわかるだろう。市場構造と事業構造の間には明らかなリンケージがあるのだ。


(図2)

オンライン証券が拓いた新たな市場

こうした事業構造の違いは、そのままコスト構造に反映される。**図3**はゼロより上に出ているのが営業収入（証券会社にとって売上高に当たるもの）で、下に出ているのが各種コスト項目になる。このコスト項目を比較すると、同じ証券会社にも関わらず、伝統的証券会社とオンライン証券とでは、コストの使い方がまったく違っていることがわかる。

伝統的証券会社の方がより多くのお金をかけているのは、不動産関係費（店舗）と人件費（営業あるいは窓口担当者）であり、オンライン証券の3倍ぐらいとなっている。これに対して、減価償却費（コンピュータ投資）

図2　事業構造はターゲットによって異なる

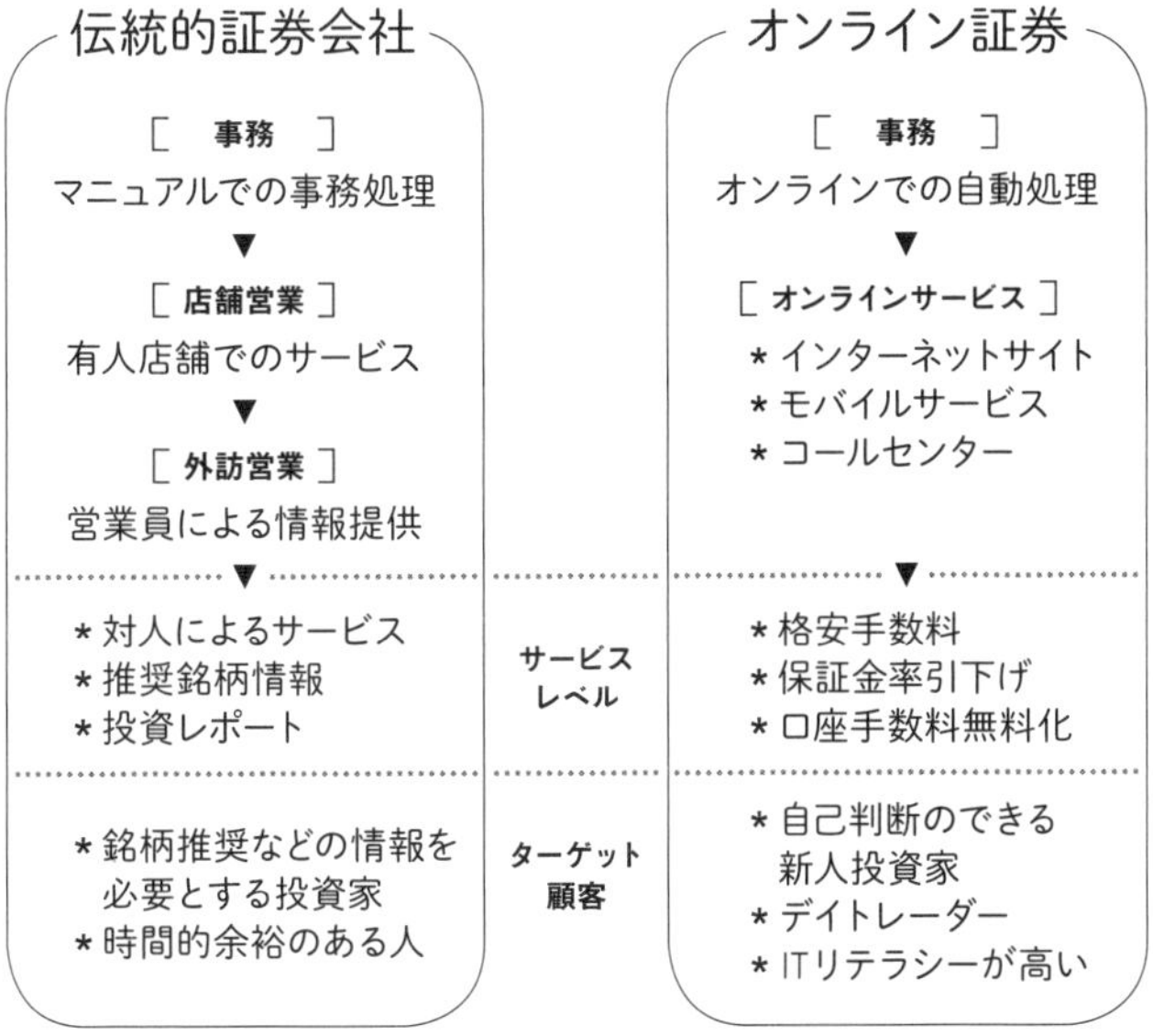

と宣伝費その他に関しては、逆にオンライン証券の方が3倍ぐらいコストをかけていることがわかる。このように、事業構造と収益構造の間にも明らかなリンケージがある。

ここで、**図3**をよく見ると、オンライン証券の方は営業収入がコストを上回り、大きな黒字を出しているのに対して、伝統的証券会社の方は若干の赤字になっていることがわかる。この差はどこから出てくるのだろうか。

それは、**図1**に戻って、市場構造の中に原因がある。かつては証券業界には手数料に対する規制があり、格安手数料を提供することは認められていなかった。ところが、手数料規制の緩和によって、**図1**の右下の領域が新たに拓けたのだ。そこにいち早く入ってきて、コンピュータを駆使した新しい事業構造を確立したのがオンライン証券である。

図3　証券会社のコスト構造

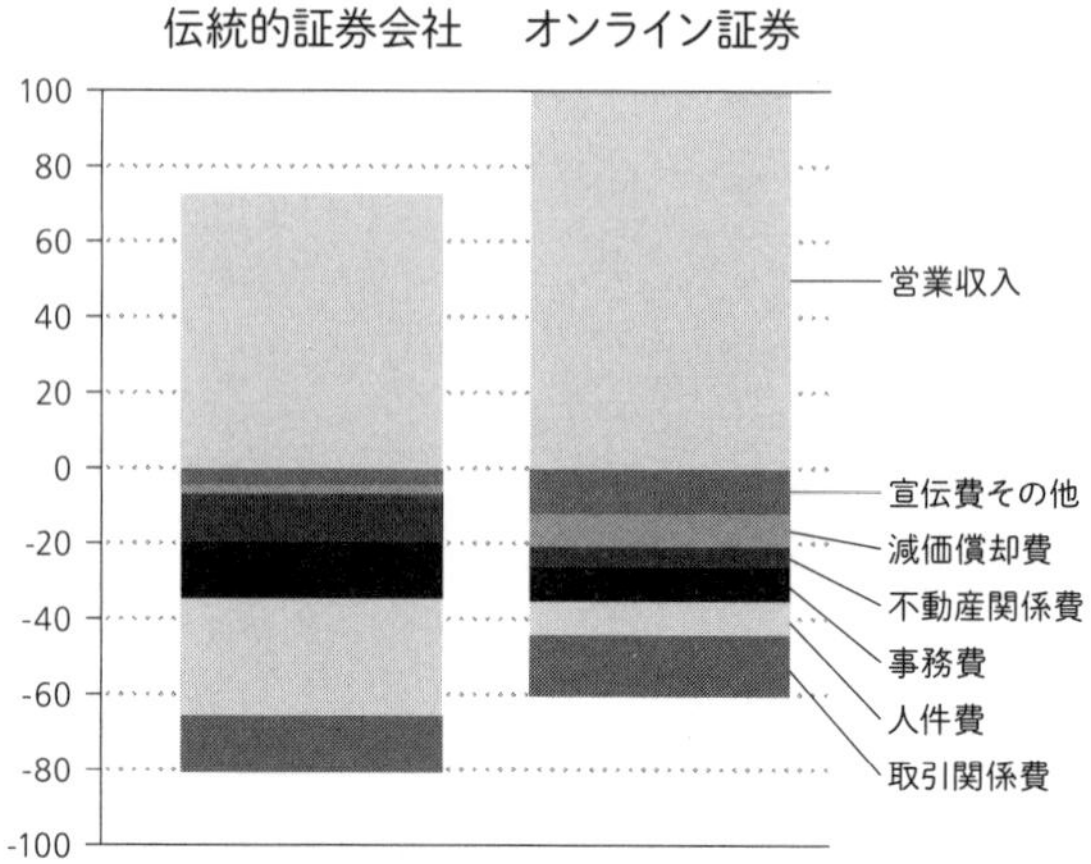

格安手数料の実現は、新たな投資家層を生み出すことになった。デイトレーダーといわれる人たちだ。手数料が安くなったおかげで、1日のうちのわずかな株価の変動でも、利益を稼げるようになった。このため、左上のゾーンにいた投資家が、大挙して右下のゾーンに移動を始めたのだ。

そのため、左上のゾーンでは、魚が流出していく中で、伝統的証券会社が何十社と釣り糸を垂れている状態になり、赤字になる証券会社が続出した。一方、右下のゾーンでは、新たな海域が拓け、魚が流れ込んでくるところに、オンライン証券が先回りして網を張る状態になった。このため、大きな黒字を出すことが可能になったのだ。

このように、利益が出るか出ないかは、市場の中のどの客層をターゲットにするかによって左右されることがわかる。つまり、市場構造と収益構造の間にもリンケージがあるのだ。

優れた経営者が必ずたどる思考プロセス

以上のように、市場構造、事業構造、収益構造のリンケージを解明することが、ビジネスリーダーにとって「問題の構造」を解明することになり、価値創出策の発見につながる。言い換えれば、ビジネスにおいて価値を生み出すということは、最も利益を高めるような市場構造・事業構造の定義の仕方を発見することを意味する。

オンライン証券のように、手数料規制の緩和によって市場の構造が変わったときに、新しく開けた領域をいち早く発見し、有利なポジションを取れれば、大きな事業価値を生み出すことができる。逆に、店頭に来ている顧客にばかり目が行き、市場構造の変化が見えなくなってしまうと、知らない間に顧客が流出していき、いつの間にか事業価値がしぼんでいくことになる。市場をどのように見るかによって、ビジネスチャンスが見えたり見えなかったりするのだ。

ビジネスリーダーとして環境の変化を生き残っていくためには、**図4**に挙げたような、優れた起業家の思考プロセスをマスターする必要がある。筆者は以前、株式投資のファンドマネジャーをしていたことがある。そのとき、国内外の多くの企業の経営者に会って、成長戦略について聞き、株を買うか買わないかの判断をして回った。その過程で、優れた経営者や起業家には、ある共通した思考プロセスがあることに気づいた。それが**図4**にまとめたフローチャートである。

まず、将来の市場構造・事業構造・収益構造の可能性をさまざまな角度から解明し、成長のための切り口（**成長ドライバー**）を浮かび上がらせる。成長ドライバーが見えてきたら、

図４　成長戦略の立案プロセス

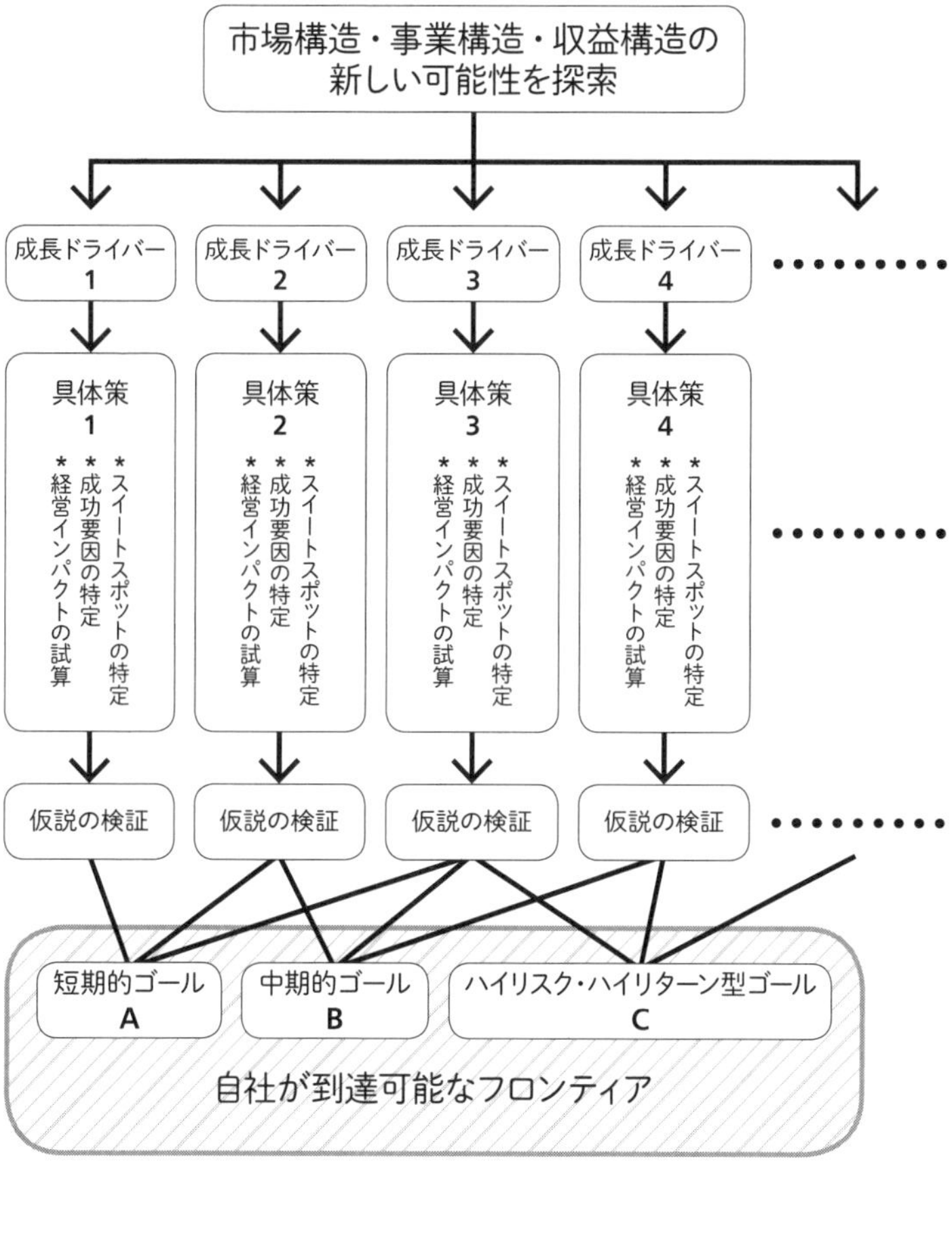

次はそれを具体的な施策に落とし込む。その際、自社が有利な戦いを展開できる市場の「スイートスポット」（ターゲットとすべき市場セグメント）と、「成功要因」を特定することが重要になる。

この2つが明確になっていれば、想定される市場規模とターゲットシェアが見積もれるため、経営に及ぼす売上インパクトを試算することが可能になる。その上で、仮説を検証し、裏づけとなる事実（エビデンス）を取り、到達可能なゴールを描きだしているのである。

先ほどのオンライン証券の事例に即していえば、成長ドライバーとは「ネット取引収入の増加」、スイートスポットは「デイトレーダーのように頻繁に売り買いする顧客」、成功要因は「オンラインサービスを通じた格安手数料」ということになる。

クリアすべき3つのハードル

さて、図4の流れの中には、3つのハードルがある。つまり、優れた経営者や起業家だけがクリアできる、難易度の高いステップがあるのだ。ここでまたエクササイズに取り組んでもらおう。

Exercise 2-4

図４の成長戦略立案のプロセスを見ながら、優れた経営者や起業家だけがクリアできる難易度の高い３つのステップを、左記の中から選んでください。

①将来の市場構造・事業構造・収益構造の可能性を解明する
②成長のためのドライバーをリストアップする
③市場のスイートスポットを特定する
④成功要因を特定する
⑤経営インパクトを試算する
⑥仮説を検証する
⑦到達可能なゴールを描き出す

皆さんはどの3つを選んだだろうか。

まず1番目のハードルは、①将来の市場構造・事業構造・収益構造の可能性を解明することだ。アインシュタインにならえば、ここに60分のうちの59分を割く必要がある。そうすれば、成長のためのドライバーは勝手に浮かび上がってくるのだ。優れた経営者や起業家は、将来の市場構造・事業構造・収益構造の可能性について、かなり具体的な仮説を示すことができる。

BMWだけが販売台数を伸ばせたわけ

次に、2番目のハードルは④の成功要因を特定することである。なぜなら、誰もが簡単に思いつくようなことは成功要因にはならないからだ。ここで、BMWが日本で販売台数を増やそうとしたときの話をしよう。関係者が集まって会議を開いたとき、最初に全員が合意したのは、キャンペーンで価格を下げるというアプローチだった。なぜなら、外車は価格が高いことがネックになっているのだから、キャンペーンで価格を下げれば、その敷居を下げることができると考えたからだ。

ところが、このアプローチは実際にやってみると思ったほどの販売台数増加にはつながらなかった。というのは、ＢＭＷがキャンペーンを始めると、ベンツやアウディも追随してキャンペーンを始め、結局皆で価格を下げただけで終わってしまったからだ。

ところが、ＢＭＷはその後、真の成功要因を発見することに成功した。それが何なのか、あなたにも考えていただこう。

Exercise 2-5

ＢＭＷが日本で販売台数を大きく伸ばせた真の成功要因を考えてみてください。その際、なぜ他の外車メーカーは追随できなかったのかも考えてみましょう。

あなたの答えはどうなっただろうか。

答えは3年間の新車無償修理サービスを提供したことだった。車は機械であるから、どうしても当たり外れがある。外車のオーナーにとって自分が買った車が万一外れだったりすると、絶えず修理が必要になる。しかも外車であるだけに修理費もバカにはならない。それがストレスであるために、国産車を買っていた人たちがいたのだ。それが3年間無償修理サービスを付けたことで、一気にその層の顧客が動き始めたのである。

それでは、なぜ他のライバルメーカーはすぐに追随しなかったのだろうか。それは、無償修理サービスを提供するのがディーラーであって、メーカーではないからだ。このため、修理にかかったコストをどこがどう負担するのかを決めておかないと、無償修理サービスは提供できない。そこで関係者の合意を取りつけるのに時間がかかったのだ。

このケースのように、本当の成功要因になるものは、誰もが簡単に合意できることではないことがわかる。むしろ簡単には合意できないこと、合意できたとしてもやりたくないことが成功要因になることが多い。このため、成功要因を挙げた途端、同じ社内からも反対意見がでてくることになる。

こうした真の成功要因を見通した上で、実行に移せる人が優れた経営者であり、起業家なのである。

検証できる仮説を立てる

3つ目のハードルは、⑥の仮説の検証だ。実際に仮説を検証しようとすると、まず仮説そのものが具体化されていないと、検証もできないことに気づかされる。市場のスイートスポットや成功要因などについて、具体的な仮説が明確になっていてはじめて、誰に何を聞けば検証できるのかが浮かび上がってくる。そこがはっきりしないと、あてもなくインタビューをして回ったり、アンケート調査をしたあげく、ターゲットとすべき客層はどこか、何が真の成功要因なのかが、かえってわからなくなったりする。

優れた経営者や起業家は、仮説を絞り込んだ上で、最少のエネルギーで自分の仮説を裏づけるエビデンスを引っ張ってくることができる。これに関しては、ステップ6でくわしく取り上げることにしたい。

100個のアイデアを考えよう！

最後に、孫さんが「100通りのシミュレーションをしてからでないと、事業を始めてはいけない」といっていることについて触れておこう。

孫さんは事業を始める前に、さまざまな成長のためのドライバーを考え出しては、それが事業価値に及ぼすインパクトをシミュレーションしてみる。それを通じて、市場構造・事業構造・収益構造の特徴が細部に渡って浮かび上がってくるのだ。

孫さんぐらいであれば、20や30であれば頭の中にあるアイデアを取り出すだけでも、成長ドライバーをリストアップできるかもしれない。しかし、100といわれた途端、そうはいかなくなってくる。その結果、市場の中を歩き回り、会ったことのない人と会いながら、無意識の世界を活性化し、今まで見えていなかったアイデアを浮かび上がらせていくことになる。そして、「あっ」と思いついたアイデアが100個目に達する瞬間まで待つのである。

孫さんは、「量は質に転化する」ともいっている。100個目のアイデアは、孫さんにとって単に100番目に出てきたアイデアというだけではない。市場構造・事業構造・収益構造を誰よりも解明し尽くしたというシグナルになっている。だから、自信を持って巨額の資金を投資できるのだ。

ハドソンから独占販売権を買い取る、ＡＤＳＬのモデムを駅前でタダで配るといったアイデアは、こうした活動の中から生まれてきている。

孫さんは、「静的かつ常識的な分析フレームワークが通用する領域には進出せず、不透明ではあるが、主体的な行動により、環境そのものを変えられる領域で事業を展開する」といっている。それを可能にしているのは、問題の構造を解明し、自分の器を超えた問題を解決する力なのである。

STEP 2

まとめ

自分の器を超えた問題を解決するために、次のトレーニングに取り組んでみましょう

◎自分の器を超えた問題をひとつ取り上げる

◎頭に思い浮かんだ解決策をノートに書き出す

◎そこに書かれたものをすべて捨てる

◎その後、イマジネーションを広げ、問いを重ねながら、問題の構造を解明していく

◎いままで頭の中になかった解決策が浮かび上がってくるまでこれを続ける

◎あなたがビジネスリーダーを目指すのであれば、将来の市場構造・事業構造・収益構造の可能性を解明してみよう

STEP
3

Larry Page & Sergey Brin
Son Masayoshi
Steve Jobs
Jeffrey Bezos
Philip Kotler
Suzuki Toshifumi
Andrew Grove
Louis Gerstner
Lee Kuan Yew
Matsushita Konosuke

ジョブズに学ぶ「未来を自ら創りあげる」トレーニング

最強のビジネスリーダー、ジョブズ

3番目にご登場いただくのは、スティーブ・ジョブズである。情報革命の中を勝ち上がってきたビジネスリーダーとして、最強の人物といえるだろう。ジョブズ亡き後も、アップルは世界で最も優れた企業、最も価値ある企業としてその名をとどろかせている。

ジョブズは、マッキントッシュ・iPod・iPhone・iPadといった優れた製品を世に生み出したことで知られる。しかし、単に製品だけを見ていては、ジョブズの功績を過小評価してしまうことになりかねない。ジョブズが社会に及ぼした影響について、ここであなたにも考えてみてもらいたい。

Exercise 3-1

ジョブズの登場によって、
世の中がどう変わったのでしょうか？
ジョブズが社会に及ぼした影響について
考えてみてください。

Steve Jobs
1955-2011

どうだろう。イメージは膨らんだだろうか。

ジョブズは「コンピュータ」「音楽」「モバイルコミュニケーション」の世界に、新しいモノの見方を提示したのだ。IBMのメーンフレームとマッキントッシュ、CDプレーヤーとiPod、ガラケーとiPhoneを比べてみれば、それがユーザーのライフスタイルに及ぼした影響を実感できるだろう。

ジョブズが登場するまでは、コンピュータは企業の中枢で大量のデータ処理を行うものだった。ところが、ジョブズは一般の個人がコンピュータを使うようになる新しい世界を見出したのだ。しかも、コンピュータ言語を覚えて打ち込むのではなく、グラフィック・ユーザー・インターフェース（GUI）上をマウスでクリックするだけで、自由自在にコンピュータを操作できるようになった。

いまや、誰もがパソコンでインターネットやゲームを楽しんだり、買い物をしたり、スケジュール管理をするようになっている。パソコンがお店やテレビ、秘書に取って代わったのだ。

ジョブズは、CDやDVDも不要にした。もはやCDをカバンに入れて持ち運んだり、部屋の中にラックをつくって並べる必要はなくなった。クラウド上にある無限の音楽や映画のライブラリーに、どこにいてもアクセスできるようになったのである。

また、ｉＰｈｏｎｅが登場したばかりの頃、それを入手した私の同僚が、タッチパネルを嬉々として操作しながら、自慢げに見せてくれたのを覚えている。彼にとってｉＰｈｏｎｅとは携帯電話ではなく、全能感を味わわせてくれる存在だったのだ。

エンジニアではない〝素人〟ならではの強み

ジョブズがクラウドサービスを活用してｉＰｏｄやｉＰｈｏｎｅをいち早く成功させたことから、ジョブズのことをエンジニアと考えている人は少なくない。しかし、彼はエンジニアではない。大学時代はリード・カレッジでリベラルアーツを勉強している。リベラルアーツとは「人を自由にする学問」という意味を持ち、文法学・修辞学・論理学・算術・幾何学・天文学・音楽より構成される。しかも、最後まで履修したわけではなく、中退している。

並み居るエレクトロニクスメーカーのエンジニアたちを差し置いて、〝素人〟のジョブズが勝ち上がったのを見ると、情報革命のように技術的、社会的前提条件が大きく変わる局面では、むしろ〝素人〟の方が強いのかもしれないと感じてしまう。

実際、ジョブズは「コンピュータに何ができるかではなく、コンピュータを使ってクリエイティブな人は何をするか」が重要だといっている。エンジニアは製品ばかりを見る癖があるが、そこからはそれを使う人の姿は見えてこない。〝素人〟のジョブズは情報革命によって、クリエイティブな人のライフスタイルがどう変わっていくのかを見ていたのだ。だから「人を自由にする学問」が役に立ったのである。

直観のパワーを生かす

ジョブズは「直観が花開き、いままで見えていなかったものが見えるようになる」という言葉を残している。ここから、ジョブズはステップ1で話した、人の脳のメカニズムを体感的に理解していたのではないかと思われる。

五感を澄まして世界を観察し、無意識の世界を活性化させ、クリエイティブな人に合わせて自分の脳をシンクロさせる。それによって、いままで見えていなかった潜在ニーズや将来のライフスタイルが浮かび上がってくる。そうした活動を通じて、ジョブズは誰よりも早くエスキモーを見ることができたのである。

また、この原理を逆用し、クリエイティブな人たちの五感を刺激し、無意識の世界に訴えかけ、共感を引き出し、強烈な印象を残すことにも成功している。彼のデザインの基本思想は「直観的に物事がわかるようにすること」である。

つまり、トリセツによって頭で理解する製品ではなく、無意識の世界が感じ取る製品を創り出したのだ。そのために「共感、フォーカス、印象」を自らのマーケティング哲学としている。

ジョブズが直観を重視するようになったのには、彼の生い立ちが深く関係している。ジョブズはシリア人留学生アブドゥルファター・ジャンダリとアメリカ人大学院生のジョアン・シーブルとの間に生まれた。しかし、ジョアンの父が、シリア人との結婚を認めなかったために、ジョブズ夫妻に養子に出されることになった。

こうした出自から、ジョブズは幼少のころから自分の存在意義を問い続け、心の中は不安定な状態が続いた。若き日に禅にのめり込んだのもそのためだろう。そうした日々を通じて、ジョブズ独特の感受性や直観が磨かれていったのだ。それが時として「こんなものはクズだ」と暴言を吐き、人と激しくぶつかる性格として表れた。しかし一方で、コンピュータや電話の未来の姿を発見する力にもつながっていったのだ。この両面性がジョブズの魅力でもある。

未来は自分でコントロールできる

ジョブズの好きな言葉に、「未来を予測する最良の方法は自分で創りあげることだ」というのがある。未来を創りだす力は今日の一手の中にある。それを誰が打つのかによって、未来の形はいかようにでも変わっていく。そこを他人に委ねるのでなく、自分で打ち手を繰り出せば、未来をコントロールできる可能性も高まるということだ。

ここでは、ステップ2で学んだ成長戦略立案のプロセスを踏まえながら、ジョブズがどのようにアップルの未来を創りだしていったのか、ライバルであるサムスンと比較しながら見てみることにしたい。

サムスンは韓国を代表する複合企業だ。その中でも中核を占めるサムスン電子は、携帯電話のギャラクシーや、パソコン、液晶テレビなどのエレクトロニクス製品のほか、電子部品や半導体なども製造販売している。日本のエレクトロニクスメーカーから技術者を高給でヘッドハントしたり、アップルとスマートフォンをめぐる訴訟合戦を繰り返すなど何かと注目されている。新興国を中心にグローバル展開に成功し、多くの製品分野で世界トップクラスのシェアを獲得。売上高は20兆円を超え、日本の大手エレクトロニクスメーカーの倍以上の規模に成長している。

それではここで、サムスン電子のビジネスモデルを理解するために、エクササイズをひとつ出したい。

Exercise 3-2

サムスン電子のエレクトロニクス事業の成功要因を挙げてください。

＊ヒント
日本のエレクトロニクスメーカーが簡単に真似できなかったことを考えてみましょう。

サムスンはもともと日本のエレクトロニクスメーカーをライバルとして考えていた。このため、1990年代の半ばごろまでは、日本企業の品質に追いつけ追い越せとがんばってきたのだ。ところが、日本企業なみの品質を追求しようとすると、コストは高止まりする。その一方で、価格は日本メーカーの8掛け、9掛けしかつかない。その結果、構造的な低採算性に悩まされていた。

ここでサムスンのイ・ゴンヒはモノの見方を根底から変える。「妻と子供以外はすべて変えろ」と社内に号令をかけたのは有名な話だ。まず、ターゲットを先進国から新興国に変えた。日本のエレクトロニクスメーカーと同じ場所で戦っていても勝てないことに気づいたのだ。

次に、各国でナンバーワンのシェアを取るために、「地域ごとに細かく分けて考える商品開発」を実行に移した。先進国とは異なり、新興国は国によって発展段階も違えば、生活習慣や宗教も違う。このため、テレビや携帯電話を買うために支払える金額が国によって大きく異なるほか、その国の人たちが製品に求める機能もまったくといっていいほど違う。お祈りの時間が来ると、メッカの方向を指し示す機能を携帯電話に付けたいなどと、日本人では誰が思うだろうか。

このため、各地に「地域専門家」を置き、その国の人々の生活習慣の解明や、現地のニーズに合った商品の開発に真剣に取り組むようになっていった。地域専門家とは、新興国に送り込まれたサムスンの社員たちのことで、最初の6カ月間は仕事をせずに、現地の人と同じ生活をすることを求められる。なぜ同じ生活をするのかというと、それによって現地の人が受けているのと同じ刺激が自分の無意識の世界に入ってくるからである。そうして入ってきた経験に、タグがくっついて記憶されていく。それがある日、新しい検索パターンに引っかかり、現地の人たちと同じ世界観が、自分の意識の世界に飛び込んでくる経験をする。

そうしたことを6カ月間繰り返しているうちに、頭の中の検索パターンが現地の人たちに合わせてチューニングされていくのである。ステップ1で紹介した花王やザ・リッツカールトンの目利き育成のプロセスと似ていないだろうか。

サムスンは1990年代初めごろから、こうした形で地域専門家の育成に取り組み、千人単位の人材を育ててきている。最初の6カ月間は仕事をしないのだから、サムスンにとっては相当なコスト負担をともなう。しかし、だからこそ他社が躊躇《ちゅうちょ》しているうちに、後から追いつけないほどの圧倒的な数の地域専門家を育てあげることができた。そして、多くの国でナンバーワンのシェアを取ることが可能になったのである。サムスンの第1の成功要因はこの「地域専門家」であるといえよう。

日本企業は、なぜサムスンに負けたのか

しかし、国によって商品のデザインを変えたことから、テレビだけでも1000種類のモデルを生産することになった。このため、今度はコストがうなぎのぼりになるという問題に直面した。これをクリアするため、サムスンは設計構造を徹底してモジュラー化することにした。最終製品は1000モデルあったとしても、実際には少数のモジュールをレゴのように組み替えてつくるのであれば、それほどコストは上がらない。この設計のモジュラー化が、サムスンの第2の成功要因といえる。

なぜこれが成功要因になるのかというと、ライバルである日本のエレクトロニクスメーカーがやりたがらなかったことだからだ。当時日本では「すり合わせ型かモジュラー型か」という議論が流行り、「日本企業の強みはすり合わせ型にある」という強烈なモノの見方につながっていった。

このため、モジュラー型をモノづくりの面では格下に見る傾向が生まれ、それがサムスンのコスト優位性の確立を許してしまったのだ。

また、新興国では国によって消費者が購入できる価格水準が大きく異なることから、サムスンは価格を先に設定し、それに合わせてコスト構造を逆算するという製品開発

プロセスも導入した。

その際、品質基準も国ごとに変える必要性に直面し、「体感不良率」という独特の品質管理指標を創りだした。これは、その国で売られた製品数量のうち、クレームの数が一定の比率内に収まっていればよしとする考え方で、多少不具合があっても安い方がいいという国を想定したものだ。「品質の良し悪しとは主観によるもので、その主観は国によって異なる」というモノの見方から生まれてきている。

この体感不良率も、日本企業がやりたがらなかったことのひとつといっていいだろう。ライバルがやりたがらないことが成功要因になるという点で、これも第3の成功要因といえる。

サムスンの成長を支えた要因とは

さて、ここまでサムスンのビジネスモデルを解明してきたが、ここでもうひとつエクササイズをやってもらおう。

Exercise 3-3

サムスン電子のエレクトロニクス事業の「成長ドライバー」と「スイートスポット」を挙げてください。

＊ヒント
ステップ2で挙げた成長戦略の立案プロセス（左記）を思い出してください。

①将来の市場構造・事業構造・収益構造の可能性を解明する
②成長のためのドライバーをリストアップする
③スイートスポットを特定する
④成功要因を特定する
⑤経営インパクトを試算する
⑥仮説を検証する
⑦到達可能なゴールのフロンティアを描く

まず、成長のためのドライバーであるが、成長とは売上高を飛躍的に伸ばすことだから、「売上高とは何か」という問いを立てたときに、ファクターとして浮かび上がってくるもののひとつである必要がある。サムスンの売上成長の原動力は、何といっても新興国の成長ポテンシャルといえる。このため、サムスンの売上高を定義すると、「売上高＝∑(新興国各国の市場規模×各国のシェア)」となるだろう。ここで、∑とは、各国の「市場規模×シェア」を合計したものであることを意味する。

こういう見方をすると、サムスンにとっての成長ドライバーは、「新興国各国においてナンバーワンのシェアを取ること(シェアを上げること)」であるといえよう。ひとたびナンバーワンのシェアを取れれば、新興国の市場規模は勝手に大きくなっていくのだから、成長の原動力を自社の収益構造の中に取り込むことが可能になる。また、ここでスイートスポットが新興国であることはいうまでもないだろう。

アップルが成功を収められたのはなぜか

さて、サムスンのビジネスモデルを解明したところで、いよいよアップルのビジネスモデルがどのように創りあげられたのかを見てみることにしよう。

Exercise 3-4

アップルの「成長ドライバー」「スイートスポット」「成功要因」が何かを考えてみてください。

＊ヒント

ここでもステップ2で挙げた成長戦略の立案プロセスを思い出してみましょう。ただし、アップルの場合はサムスンと比べて難しく、かつ創造的です。

ここでは、まずスイートスポットがどこなのかを先に考えてみよう。サムスンにとってのスイートスポットは新興国であった。それではアップルにとってターゲットとする市場セグメントとはどこだろうか。それは熱狂的なアップルファンであり、革新的な製品を真っ先に使ってみたくなる、いわゆるアーリーアダプターといえよう。

マーケティング理論の中で、アーリーアダプターとは、新製品が出たときに真っ先に買って試してみる人たちのことをいう。これに対して、他の人の評判を聞いてから買い始める人たちのことをフォロワーと呼ぶ。アップルがターゲットとするのは前者だ。

そこで、アップルにとっての売上高とは、「売上高＝熱狂的ユーザーの数×顧客当たり購買額」と定義できることになる。ここから浮かび上がった2つのファクターに基づき、「革新的な製品を出して熱狂的なユーザーの数を増やす」「iTunesやアップストアの品揃えを拡充して、一人当たりの購買額を増やす」が、アップルにとっての成長ドライバーになっていることがわかる。

ただし、この2つだけであれば、アップルが「世界で最も価値ある企業」と呼ばれるようにはならなかっただろう。マッキントッシュのパソコンを出したときも、熱狂的なユーザーの心を捉え、多様なソフトを売り込むことには成功した。

しかし、事業自体はiPodやiPhoneと比べると、パッとしなかった。

iPod以降、アップルが飛躍的に成長したのには、もうひとつのドライバーが関連している。それはネットワーク効果である。

iTunesやアップストアの品揃えが拡充してくると、便利になるため、熱狂的なアップルファンでなくてもiPhoneを使い始める。そして、ユーザーのベースが広がると、アプリやコンテンツのプロバイダーが集まってきて、さらに便利になる。するとまた多くの人がiPhoneを使うようになる。こうした雪だるま効果のことを「ネットワーク効果」という。

これがあるために、熱狂的なユーザーひとりにつき、2倍、3倍の乗数効果が働くようになるのだ。これがiPod以降、アップルの時価総額を飛躍的に押し上げ、世界で最も価値ある企業にのし上がったのだ。

アップルのビジネスは「会員制」

マッキントッシュの時代は、このネットワーク効果を最も享受したのはアップルではなく、マイクロソフトであった。アップルはいつもアーリーアダプターを惹きつけるところまではうまくいったものの、フォロワーといわれる大衆層をマイクロソフトにさらわれていた。

　何でも自分でコントロールしようとするジョブズの性格が災いし、自分の美的感覚に合わない第三者のアプリケーションソフトを排除したのだ。その結果、マッキントッシュは完成度こそ高かったものの、利便性に欠ける製品になってしまった。これに対して、マイクロソフトは美しさなどにはこだわらず、大衆にとっての利便性を追求した。その結果、マイクロソフトの時価総額は飛躍的に増大し、アップルは苦境に追い込まれることになったのだ。

　ところが、ｉＰｏｄ以降、アップルは戦い方を変えた。何でも自前でまかなおうとするのをやめ、第三者のつくったコンテンツやアプリを流通させるためのプラットフォームとして自社を位置づけ直したのだ。

　もちろん、革新的製品に関しては妥協がなく、垂直統合型のモデルを維持している。しかし、コンテンツやアプリに関しては、むしろ水平型のビジネスモデルに転換し、積極的に他社の製品を品揃えするようになった。こうした垂直型と水平型の折衷型ビジネスモデルにより、アーリーアダプターだけでなく、利便性を重視するフォロワーも惹きつけることが可能になったのだ。

　整理すると、アップルにとってのスイートスポットは熱狂的なアップルファン、成長ドライバーは「革新的な製品を出して熱狂的なユーザーの数を増やす」「iTunesやアップストアの品揃えを拡充して、ひとり当たりの購買額を増やす」「業界プラットフォーム戦略でネットワーク効果による乗数を最大化する」の3つであるといえる。

　ここで、サムスンとアップルの収益構造を比較してみよう。サムスンの収益構造はメーカーとしてのオーソドックスなモノの見方をしており、各国の市場においてどうシェアを取るかを追求している。各国の市場規模や自社のシェアは調べることによって数字を把握することもできる。

　これに対して、アップルの方は国境など視野になく、いきなり「熱狂的なアップル

図5　サムスンとアップルの収益構造と成長ドライバー

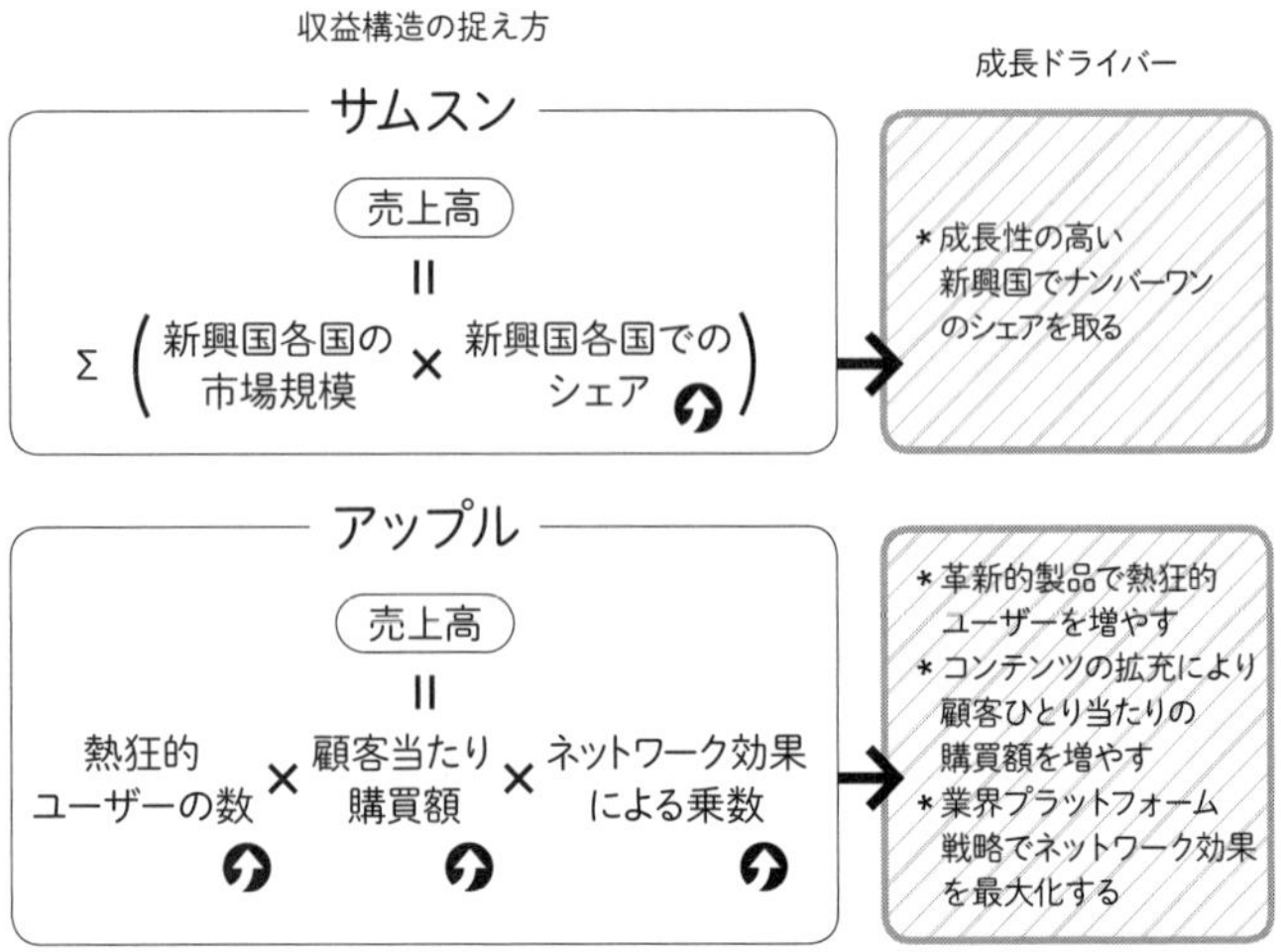

ファンがいる」というところから話が始まる。熱狂的なアップルファンの数など把握できるのだろうかと思ってしまうが、それができるのである。というのは、iPod以降の製品はクラウドサービスの一環として提供されているため、すべての購買取引はインターネットを通じてアップルから見えるようになっている。

このため、新製品が出ると真っ先に買う人がどの国にどれだけいるか、彼らがひとり当たりいくら購買しているかはすべて把握できるのである。また、アーリーアダプターひとりにつき、何人フォロワーがついてくるのか、その乗数についても国ごとに把握が可能なのである。メーカーというよりは、ケーブルテレビのような会員制ビジネスとして自社の収益構造を見ていることがわかる。すなわち、「会員数×顧客当たり利用額」というモノの見方だ。

ジョブズ自身もやりたくなかった「成功要因」

それでは、ここでアップルの成功要因に話を進めたい。サムスンの成功要因のひとつが地域専門家であったのと同じように、アップルにおいても目利きが成功要因になっている。アーリーアダプターの目利きであるスティーブ・ジョブズだ。ジョブズは自らデザインとテクノロジーについて造詣を深め、アーリーアダプターが何に喜びを感じるのかを我がことのように理解できる力を身に付けた。これが熱狂的なアップルファンの数を増やすことを可能にしたのは間違いないだろう。

もうひとつの成功要因は、第三者のコンテンツやアプリを流通させる業界プラットフォームを確立したことだ。仮にコンテンツやアプリを全部自前で開発しようとすると、膨大な開発コストとリスクを抱え込むことになる。アップルはそこを切り離すことで、コストやリスクを抱えずに、品揃えを拡充できたのである。ただし、一見リーズナブルに見えることでも、ジョブズにとってそれは容易に受け入れられることではなかった。ジョブズは最後まで他社製品をアップルファンに使わせることに抵抗を示したといわれる。「こんなクズをアップルの最高の製品にダウンロードするなど許せない」というわけだ。

成功要因とは、目利きの育成のように簡単には真似できないことや、真似できたとしても他社がやりたがらないことが多いことはすでに述べた。業界プラットフォーム戦略は、ジョブズ自身すらやりたがらなかったことだ。だからこそ成功要因になったのである。

ハードウェアとソフトウェアのすり合わせ

最後に、もうひとつ成功要因を挙げるとすれば、ソフトウェア技術になるだろう。iPhoneが出たばかりのころ、ある日本のエレクトロニクスメーカーのエグゼクティブがこんなことをいっていたのを覚えている。「iPhoneを分解してみたが、我々につくれない新しい要素は何もなかった」。しかしその後で、そのエグゼクティブはこうつぶやいた。「ソフトウェアを除いてはね」。

ここには、ハードウェアが主でソフトウェアは従というモノの見方が垣間見える。確かにガラケーの時代、ソフトウェアとは必要悪のようなものだった。とても使いにくいのだが、他に代わるものがなかったため、皆必要に迫られて使っていた。ソフトウェアは購買を左右する要因ではなかったのだ。

ところが、先ほども触れたように、iPhoneはソフトウェア技術によって圧倒的な操作性を実現した。それによってソフトウェア技術が消費者の購買判断に大きな影響を及ぼすようになった。日本のライバルメーカーがハードウェアのすり合わせにエネルギーを割いているころ、ジョブズはハードウェアとソフトウェアのすり合わせにエネルギーを注いでいたのだ。つまり、日本のライバル企業にとって盲点だったたからこそ、ソフトウェア技術の蓄積がアップルにとっての成功要因になったのである。

サムスンのライバルは、アップルではなかった

さて、サムスンとアップルの収益構造と事業構造（成功要因）を解明したところで、市場構造についても見てみたい（ステップ2で、ビジネスリーダーにとって解明しなければならない問題の構造とは、市場構造・事業構造・収益構造であると述べたことを思い起こしていただきたい）。（図6）

ここでは携帯電話端末の市場を例に取り、サムスンとアップルのポジショニングについて可視化している。図の四角い外枠を世界人口70億人とすると、その中には携帯電話のインフラがない地域もあれば、幼児のように携帯電話を必要としない層もいる。それらを除いた白い部分を市場の最大規模とすると、アップルがターゲットとしているのは、何万円もするスマホを買える先進国の消費者および新興国の富裕層の中で、アーリーアダプターということになる。

実際にはそれだけでなく、後から追随してくるフォロワーの一部もターゲットになるので、図の右上の領域にポジショニングしていることになる。

これに対して、サムスンは先進国と新興国の富裕層の中で、「iPhoneでなく

てもいい」という層と、新興国の高額のスマホを買えない層をターゲットにしている。こうして見てみると、サムスンとアップルは「盗った」「盗られた」と訴訟合戦をしている割には、市場をうまく棲み分けていることがわかる。ここから、サムスンにとっての真のライバルは、アップルではなくノキアであったことがわかる。そして、それがいま中国の格安スマホメーカーに変わりつつあるのだ。

以上、サムスンとアップルの市場構造（スイートスポット）・事業構造（成功要因）・収益構造（成長ドライバー）を見てきたが、同じような製品をつくっている企業同士であるにも関わらず、市場の見方、事業の見方はまったく異なっていることがわかる。ただ、両社ともに、市場構造・事業構

図6　スマートフォン・携帯電話の事業構造

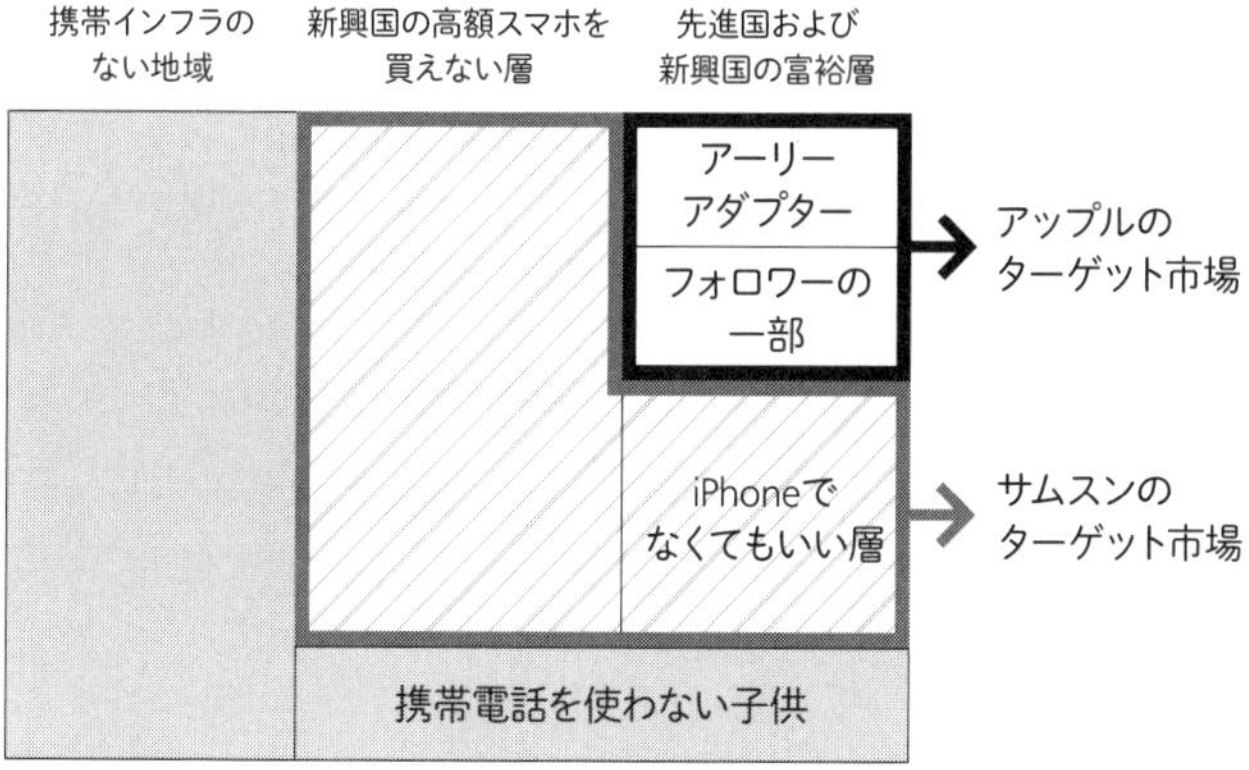

造・収益構造の間にはリンケージがあり、首尾一貫した戦略になっている。それが両社が急成長できた理由である。

逆にいうと、いま目の前にある戦略が唯一かつ最善の選択肢だと思い込んでしまうことが極めて危険であることがわかる。同じような事業であっても、少なくとも複数の成功する戦略が存在しうるのだ。それを意識的に探求していくことが、未来を自ら創りあげることにつながる。

未来を「創られてしまった」日本企業

それでは先ほどの市場構造の図の中で、日本の携帯電話メーカーはどのようなポジショニングになるのだろうか。ここでまたエクササイズをやってもらおう。

Exercise 3-5

日本の携帯電話端末メーカーの多くが、スマホで苦戦したり、スマホから撤退して
ガラケーにシフトしている理由を考えてください。

✲ヒント
先の市場構造の図の中に、
日本の携帯電話端末メーカーの
ポジショニングを描いてみましょう。

日本の携帯電話端末メーカーは、NTTドコモなどの日本の電話会社に端末を供給する形でビジネスを展開している。このため、多くの企業が意識するかしないかは別にして、日本の人口1億人強をターゲットにしてきたと考えられる。つまり下図のような細長い帯状のゾーンにポジショニングしていることになる。これを見ると、なぜ日本の携帯電話メーカーの多くがスマホから撤退してしまったのかがわかる。(図7)

スマホの中には何千という知的財産が入っており、開発には膨大なコストがかかる。そのため、投資したお金を回収するためのプールが必要になる。アップルやサムスンがグローバル市場を対象にビジネスを展開しているのはそこに理由がある。サムスンは新興国に成長ポテンシャルを見出し、そこをターゲットに定めた。ア

図7　携帯電話市場における日本企業のポジショニング

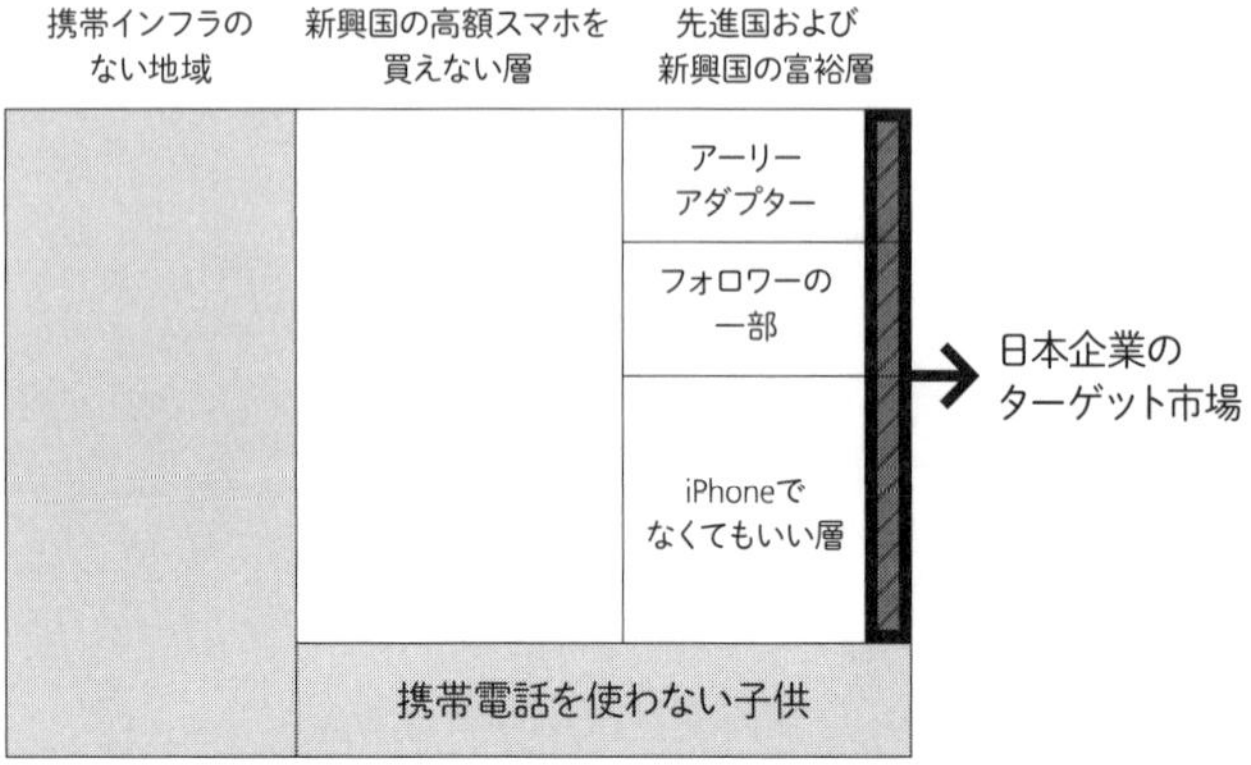

ップルは世界中のアーリーアダプターを資金回収源としている。

ところが、スマホで苦戦している日本企業の多くは、こうした投資資金回収のためのターゲットを明確に設定できていたのかどうかを問い直してみる必要がある。何となく日本の電話会社に付いてビジネスを進めてしまうと、結果的に日本市場だけを資金回収源として限定してしまうことになる。

その結果、始める前から投資資金を回収できないことが決まってしまう。あるいは小規模の投資資金しか捻出できない中で、ｉＰｈｏｎｅやギャラクシーのようなグローバルブランドとの戦いを強いられることになる。それが日本の携帯電話メーカーの多くがスマホで苦戦したり、スマホから撤退し、投資負担の少ないガラケーで生き延びている理由なのだ。

未来を自らの手で創りあげるためには、ジョブズやイ・ゴンヒのように、市場構造・事業構造・収益構造のあり方をゼロから練り上げる必要がある。そこを曖昧にしたまま事業を始めてしまうと、他の誰かに未来を創られてしまい、気づかないうちに負けが決まってしまうということになりかねない。孫さんが１００通りのシミュレーションをしてからでないと事業を始めてはいけないと自らに義務づけているのはここに理由がある。

人間性と技術の交差する場所

ジョブズは人間性と技術の交差点、あるいは人文科学と自然科学の交差点に立っていたといっていいだろう。ある角度からはエンジニアに見え、別の角度からはアーティストに見える人物だ。ステップ1で見てもらった「だまし絵」のような存在といえるかもしれない。

こうした存在であることが、技術を使い手の視点から観察し、GUIやタッチパネルのクリエイティブな使い方を発見することにつながったのだ。残念ながら生みの親であるゼロックスのエンジニアたちには、GUIのポテンシャルが見えなかったのである。

また、ある角度から見ると垂直統合型に見え、別の角度からは水平型プラットフォームに見えるアップルのビジネスモデルも、両義性をもったジョブズの存在があってこそ生まれてきたものであろう。ものごとをひとつの方向からしか見ない人には、今が見えるだけで、未来の可能性は見えてこない。同じ事業に関して、異なるいくつかの戦略が存在しうると考える人だけが、未来を自ら創りあげることができるのだ。

STEP 3

まとめ

未来を自ら創りあげるために、次のトレーニングに取り組んでみましょう。

◎新規事業のテーマをひとつ取り上げる。
すでに戦略がある場合にはまずそれを捨てる

◎その事業の市場構造とスイートスポットについて、
複数の可能性を描き出してみる

◎スイートスポットであるターゲット顧客に感情移入し、
成功要因になりそうなことをリストアップする

◎その中から、他社が簡単に真似できることは捨てる

◎捨てられずに残った成功要因に基づきビジネスモデルを考える

◎最後に、収益構造や売上増加のドライバーについて、
複数の可能性を考える

STEP 4

Larry Page & Sergey Brin
Son Masayoshi
Steve Jobs
Jeffrey Bezos
Philip Kotler
Suzuki Toshifumi
Andrew Grove
Louis Gerstner
Lee Kuan Yew
Matsushita Konosuke

ベゾスに学ぶ「常識から自由になる」トレーニング

売上高7兆円の超巨大小売業

次に登場する天才は、アマゾン・ドット・コムのジェフ・ベゾスである。ベゾスは1994年にインターネット書店のアマゾン・ドット・コムを立ち上げた。推奨機能や翌日配送などを強みに事業を拡大し、現在は売上高が7兆円を超えるまでに至っている。本や音楽にとどまらず、家電や雑貨などにも品揃えを広げ、リアルな店舗に大きな脅威を与える存在となっている。

それでは、ベゾスが世の中に与えたインパクトについて理解するために、ここでまたエクササイズに取り組んでもらうことにしよう。

Exercise 4-1

ベゾスの登場によって、
世の中がどう変わったのか
考えてみてください。
ベゾスが社会に及ぼした影響とは
どのようなものでしょうか？

Jeffrey Bezos
1964-

ベゾスは本屋の概念を根底から変えた。かつては電車に乗って繁華街の大手の書店に足を運んでいたが、今はキンドルのスイッチを入れればそこに書店が現れる。以前は本屋の棚を眺めながら読みたい本を探し、そこになければ諦めていたが、今は探したい本のキーワードを入れるだけで、それに関連する膨大な量の本を探してきて並べてくれる。

また、自分が関心を持ちそうな本を薦めてくれたり、さまざまな人が書いた書評を読むこともできる。電子書籍「キンドル本」のおかげで、自宅に書棚を買ったり、古本を売りに行ったり、紐で縛って廃品回収に出す必要もなくなった。

本だけでなく、音楽、映画、家電、おもちゃ、家庭用品なども、キンドルのスイッチを入れるだけで買えるようになった。スティーブ・ジョブズがコンピュータや電話を「再発明」したといわれるように、ベゾスは書店や小売店を再発明したといっていいだろう。

「常識」は新たな価値を生まない

ステップ3で、エンジニアではない〝素人〟のスティーブ・ジョブズが、並み居るエレクトロニクスメーカーのエンジニアたちを出し抜いて、クラウドサービス型のビジネスモデルを最初に確立したことについて述べた。こうした意味では、ベゾスも〝素人〟といえる。彼はエンジニアとして働いた経験もなければ、伝統的な小売業での経験もない。

ベゾスは大学卒業後、ウォールストリートのヘッジファンド、D. E. Shaw & Co. に入社し、シニア・ヴァイス・プレジデントまで昇進した。しかし、1994年春にインターネットのポテンシャルに気づき、同社を退職、電子書店を立ち上げた。テクノロジーの領域でも、小売業の領域でも、文字通り〝素人〟だったのだ。

ところがこの素人が、小売業のプロたちにとって大きな脅威になっていく。それと同時に、情報革命の寵児として成り上がっていった。1997年には株式公開を果たし、インターネットビジネスの成功者の一人となる。1999年にはタイム誌のパーソン・オブ・ザ・イヤーに選出された。

情報革命によって我々が拠って立つ前提条件が大きく変わるときには、むしろ常識に囚われない〝素人〟の方が強みを発揮する。玄人には業界の常識を疑うことができないが、素人はそうしたモノの見方から自由になれるからだ。「小売業には小売業の確立されたやり方がある。消費者を知っているのは我々だ。ウェブサイトに商品を並べたからといって売れるわけではない」というのが玄人のモノの見方だろう。これに対して、ベゾスは当時次のように世界を見ていた。

「世の中にはまだ発明されていないものがたくさんある。今後新しく起きることもたくさんある。インターネットがいかに大きな影響をもたらすか、まだ全然わかっていない。だからすべては始まったばかりなのだ」。

この「まだ全然わかっていない」というモノの見方こそが、ベゾスに新しい書店のあり方を発見させたのだ。「常識」とは「普遍的な知識」「変わらないもの」のことを意味する。このため、常識に染まった玄人には、世の中の変化が見えなくなる。固定化されたモノの見方から外に出ることができなくなるのだ。ベゾスは素人であったがゆえに、業界の常識から自由になれた。それによって、エスキモーを発見することができたのである。

自分の感覚にフィットした推奨機能、ワンクリックで買い物が終わる簡便さ、買った翌日、時にはその日のうちに本が配送されてくるスピード感、それを可能にしているフルフィルメントセンター、書店を持ち運べるキンドルなど、業界の常識を打ち破る革新的サービスを次々と打ち出すことができたのも、「すべては始まったばかりなのだ」というモノの見方が幸いしたといえよう。

情報革命後の世界においては、こうしたユーザーの無意識の世界に訴え、驚きや快感をもたらす方法の発見こそが価値を生み出す。すでに公共財になってしまった「常識」が、新たな価値を生むことはないのだ。このため、ベゾスはグーグルの創業者と同じように徹底した秘密主義をとる。それが時として、社会から敵視される原因になっても、まったく怯《ひる》むことはない。

アマゾンとユニクロは、なぜ成功できたのか

小売業は、絶えず試行錯誤が行われていて、「考えられる工夫はすべてやり尽くした」と思っている人が多い業界のひとつだ。それにも関わらず、アマゾンやユニクロ（ファーストリテイリング）のように、突如急成長する企業が出てくるのはなぜだろうか。それは、こうした企業の創業者が、「すべてやり尽くした」という業界の常識を捨てることができたからだ。

ここで、業界の常識から自由になるためのエクササイズに取り組んでみてもらおう。

Exercise 4-2

次の会社が急成長することを可能にした「成長ドライバー」を考えてみてください。
また、各社が自社の売上高をどのように定義しているのか
（どのようなファクターに分解しているか）
について考えてみましょう。

①アマゾン・ドット・コム
②ファーストリテイリング（ユニクロ）

ちなみに、一般的な小売業の常識に則って考えると、成長ドライバーと売上高の定義は下記のようなものになるでしょう。
右記の2社は、これとは少し違ったモノの見方をしています。

図8　一般的な小売り企業の収益構造

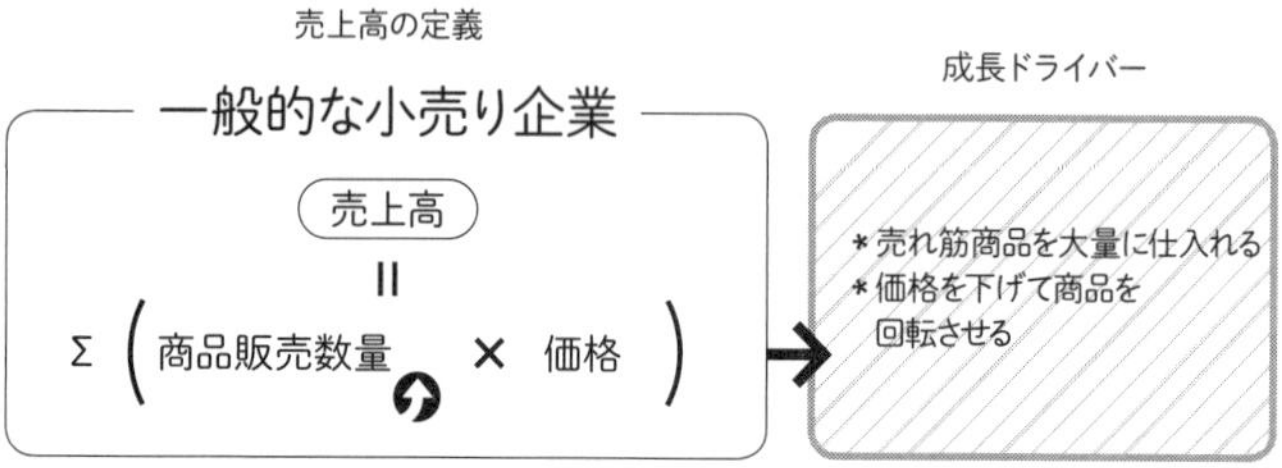

まず、アマゾンだが、一般的な小売業のモノの見方に沿って考えれば、取り扱い商品の品揃えを圧倒的に増やすことで売上高を上げてきたことが、成長ドライバーとして挙げられるだろう。その際、リアル店舗を持たないことでコスト構造を軽くし、ロングテールといわれる多品種少量型の商品群を品揃えできるようになったこと、その一方でフルフィルメントセンター（倉庫）に投資し、多様な在庫の品揃えに対応できるようにしたことが成功要因といえる。

また、違った角度から見てみると、「この本を買った人は、他にこんな本も買っています」という推奨機能を提供することで、1冊本を買いに来た人に、2冊、3冊とクロスセルをすることも、売上増加のドライバーになっていることがわかる。

アパレルとは「買いたくない服が並ぶ店」だった

次に、ファーストリテイリングの成長ドライバーについて考えてみよう。その鍵は「ファーストリテイリング」という社名の中にある。あなたはなぜ柳井正社長が「ファースト」という名前を自分の会社につけたのかご存知だろうか。それはファストフードに由来している。柳井さんは「ファストフードは食材の高速加工ビジネスだが、自分たちは服飾の高速加工ビジネスである」といういい方をしている。つまり、高速加工に意味があるのだ。

柳井さんは現場主義の人であり、昔からよく店頭に立って、顧客の動きを観察していた。その中で、柳井さんの無意識の世界に引っかかったことがある。それは、わざわざ車に乗って買いに来ているのに、何も買わずに帰っていく人が結構いるということだ。つまり、彼らにとって買いたい服がないのである。

なぜ買いたい服がないのか。当時アパレル業界では商品を企画してから店頭の棚に並べるまでに、6カ月近い時間をかけていた。6カ月も前に企画した服が売れるか売れないかは、ほとんどクジを引くのと同じようなものだ。

そのため、たまたま流行った服は、すぐに売り切れてしまう。追加で生産しようにも、すぐにはできないので欠品状態になる。逆に流行らなかった服はいつま

図9　アマゾンの収益構造

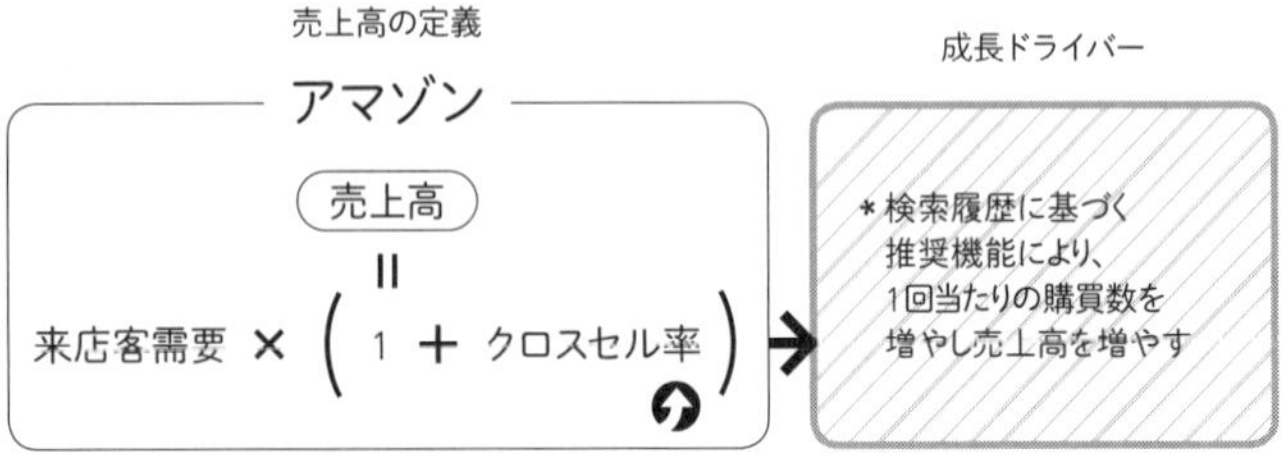

でも棚を占領し続ける。その結果、「買いたくない服が並ぶ店」になってしまうのだ。そして、シーズンが終わると、売れ残った服を大量に捨てることになる。

ユニクロが捨て去った常識

当時の業界関係者にとって、それは当たり前のことだった。皆「アパレル業界とはそういうものだ」という風に世界を見ていたのだ。ところが、柳井さんにはそれが無駄に見えてしかたなかった。そのとき、柳井さんの意識の世界に、「高速加工」というモノの見方がひらめいたのだ。6カ月ではなく2週間で洋服を生産できれば、いま街中で流行っている服を量産して店頭の棚に並べることができる。そして、「買いたい服があるお店」を実現できるのだ。

そのために、SPAと呼ばれる製造小売型のビジネ

図10　ファーストリテイリングの収益構造

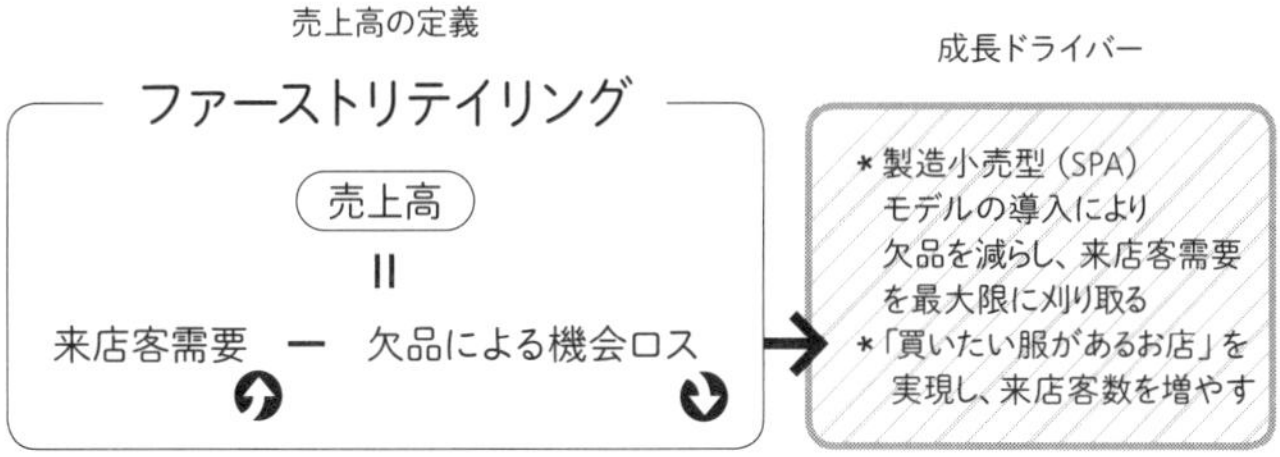

スモデルを確立し、高速加工を可能にした。この高速加工機能がなければ、フリースブームを起こすことはできなかった。あっという間に売り切れてしまい、翌日から欠品状態になってゲームオーバーだ。欠品による機会ロスを減らすことが成長のドライバーになることに着目したことで、売れ筋商品を短期間で生産し、回転率を最大化し、急成長を遂げることが可能になった。また、それが買いたい服があるお店づくりを可能にし、一気に来店客数を増やすことに成功したのだ。（図10）

柳井さんは後に、「考えてみれば当たり前のことなのだが、日本ではまだ誰もやっていないことだった」と語っている。確かに当たり前のことなのだが、当時の業界関係者にはエスキモーを見ることができなかった。誰もが柳井さんと同じ現象を目の当たりにしていたにも関わらず、業界の常識が、「見えているのに見えない」という状態をつくり出してしまったのだ。柳井さんはそこに疑いの目を向けたことで、誰よりも早く「買いたい服があるお店」という世界観を見出すことができたのである。

この他にも、ブランド品の「高くて良い服」か、ノンブランドの「安くて悪い服」か、という業界の常識を打ち破り、「安くて良い服」という新しいモノの見方を確立した。また、「服に個性が必要なのではなく、服はそれを着る人が着こなしてはじめて個性を発揮するもの」という見方に根ざした広告宣伝を打ち出している。ここから、業界の常識を捨て去ることで、人はいくらでも自由になれることがわかる。

既得権益にしばられる旧来プレーヤー

さて、アマゾンのベゾスに話を戻そう。業界の常識を疑うことは、多くの場合、業界関係者を敵に回すことを意味する。アマゾンもこれまで、バーンズ＆ノーブルなどの大手書店チェーンや大手出版社、トイザらスなど書籍以外の大手小売企業など、並み居る業界の強者と激しくぶつかってきた。しかし、アマゾンのような素人の方が、玄人に勝ってしまうことがある。それはなぜだろうか。

業界の常識の中には、多かれ少なかれ欺瞞《ぎまん》が隠されているからだ。顧客の利益ではなく、自分たちの既得権を守ろうとする欺瞞だ。それでは、ここでもうひとつエクササイズをしてもらおう。

Exercise 4-3

あなたがよく知っている業界の常識をいくつか思い浮かべてみてください。その中に、顧客の利益よりも、事業者の利益の方を優先する欺瞞が隠されていないか考えてみましょう。

業界の常識とは、多くの場合自分たちはプロで顧客は素人だというモノの見方に基づいている。このため、「顧客には正しい判断ができない」「自分たちがやった方がうまくいく」「自分たちにとってやりやすいのが正しいやり方である」「だから自分たちは高い対価を求める資格がある」「それにも関わらず、顧客にはそれがわかっていない」などといった欺瞞が織り込まれやすい。

例えば「高い技術力がいい製品を生む」というメーカーの開発者の頭の中には、「製品がいいか悪いかは、メーカーの技術力によって決まるべき」というモノの見方がある。しかし、消費者の側から見れば大きなお世話で、「製品がいいか悪いかは消費者が決めること」となる。「公共性の高いサービスは、顧客に迷惑をかけることになるため、不安定な新規参入者に任せるべきではない」という通信会社・電力会社・郵便局・金融機関は、なぜソフトバンクやヤマト運輸、インターネット生損保などが事業を拡大しているのかを考えてみる必要がある。

実際ベゾスは次のようにいっている。

「我々は正真正銘、顧客第一です。しかし、ほとんどの企業は違います。顧客ではなく、ライバル企業のことばかり気にしています」

つまり、自分の縄張りや既得権を脅かすライバルにばかり意識を奪われるうちに、顧客が見えなくなってしまうということだ。ベゾスはそこにチャンスを見出し、「顧客に最善の判断を行う機会を提供する」ことに自社の価値を見出している。その結果、業界関係者が嫌がることをやったり、時として自社にとっても不利なことを実行に移している。

否定的なレビューもそのまま掲載することで、出版社や作家と揉めることなど日常茶飯事だ。出版社やメーカーに対して購買力を誇示して買いたたいたり、ライバル企業を買収するために価格競争を仕掛けることをためらわない。それが顧客のためになると考えているからだ。

サードパーティが売る中古書籍を新品と並べて売り、そちらの方が安ければ、顧客にそちらを選択してもらう。その結果、売上が減ることを懸念した出版社協会や、印税が減ることを心配する作家たちから抗議を受けても気にしない。それどころか、自社内で新品を売る部門をも敵に回している。

その他にも、配送料無料や売上税ゼロといったサービスを提供してしまう。まだ中小企業の時代に、突然「シアーズになる」といい出す。こうした構想を次から次へとぶち上げるので、周囲は右往左往するばかりだ。

社内の関係者にいわせれば、「まあ、いつものことなのですが、ジェフ対世界という感じでした」ということになる。それでも、顧客の利益を追求することが結果的にアマゾンの発展につながることが後から明らかになっていく。ベゾスは世間の常識が間違っていたことを幾度となく証明してきたのだ。

ジョブズとベゾスに共通する境遇

ドットコム・バブルが崩壊したころ、リーマン・ブラザースのアナリスト、ラビ・スリアがアマゾンの破滅を予測した。それは、インターネット革命により既得権を脅かされそうになっていた人たちから、福音として歓迎され、一時期は社会全体を敵に回すような様相を呈した。

しかし、顧客の利益につながることをやっていれば、必ず世の中から必要とされると考えていたベゾスは、まったく動じなかったという。その結果、最終的にドットコム・バブルの崩壊を生き延び、社会の見方を覆すことに成功した。むしろ、リーマン・ブラザースの方がその後破綻してしまったのは皮肉な話だ。ベゾスはこういう。

「私は金の亡者ではなく伝道師だ。ただ、何とも皮肉なことに、伝道師の方がお金を儲けてしまう」

ベゾスには、もうひとつスティーブ・ジョブズとの共通点がある。それは養子であることだ。ベゾスの実の父はテッド・ジョーゲンセンという人で、アルバカーキで有数の一輪車乗りといわれたサーカス団員である。高校時代に2学年下のジャッキー・ガイスと付き合い始め、まもなくジェフを授かった。ところが、ジョーゲンセンは酒におぼれるところがあり、やがて2人は離婚。その後ジャッキーは再婚し、ジェフは新しい父親と養子縁組することになった。

新しい父親の名はミゲル・アンヘル・ベゾスで、キューバ革命のときに米国に亡命してきた人だ。つまり、ジョブズもベゾスも実の親ではない父（ジョブズの場合は母も）を持つことになった。

こうした境遇が、「自分とは何か」を強烈に意識させたことは想像に難くない。何となく周りの常識に合わせようとしてしまう普通の人ではなく、強烈な自己主張によって周囲のモノの見方を変えようとする人格はこうしてできあがったと考えられる。

常識に囚われるのは、人間の本能

それでは、なぜ我々は常識に囚われてしまうのだろうか。これも人間の脳の構造にその原因がある。人の意識の世界は、同時に複数のことを考えられないようにできている。コンピュータのプロセッサのように、情報をひとつずつ処理していくのだ。そこに複数の情報を詰め込もうとすると、パンクしてしまう。

しかし、それでは我々が生き抜いていく上で支障がある。店頭での接客や車の運転など、高度な活動をしようとすると、同時にいくつもの状況判断を求められる。そこで生まれてきたのが「常識」だ。

パブロフの犬の話を思い浮かべてみればわかるように、高等動物には過去に何回か成功経験を重ねると、それを自分の体に刷り込む本能がある。つまり、ある種の刺激が入ってきたときに、無意識の世界の検索に引っかかってくる過去の経験が固定化されてしまい、反射的に特定のモノの見方や行動を選択するようになっていくのだ。これによって、脳を使わなくても状況に対応することが可能になる。

しかし、これはメリットをもたらす一方で、デメリットも生む。ある刺激に対する無意識の世界の検索活動がワンパターン化してしまうと、それ以外のモノの見方ができなくなってしまう。その結果、他の人には見えている変化が、自分には見えなくなっていくのだ。

「Eコマースがここまで大きくなることは、多くのリアルな小売店にとっても見えていたはずではないか」という人がいる。しかし、見えていたら何らかの行動に移ったはずだ。行動をとらなかったということは、エスキモーが見えなかったということを意味する。

しかも、「常識」がやっかいなのは、それが本能と一体不可分であることだ。常識を疑うということは、本能を疑うことに等しい。だが、本能的に正しいと感じることを、どうして疑うことができようか。だから刷り込まれた常識を捨て去ることができないのだ。しかし、情報革命によってこれまでの常識や前提条件が崩れ去る時代においては、本能を疑える人が勝ち残るのである。

ベゾスは「我々は〝アンストア〟である」といういい方をする。ここからは、「小売業」というモノの見方自体を疑おうという意思が感じられる。そうした姿勢から新しい世界の見方が生まれ、新しい成功パターンの発見が可能になる。そして、それが次の時代の常識になっていくのだ。ベゾスはユニクロの柳井さんと同じことをいっている。

「よく考えてみれば当たり前のことなのだが、誰もやってないことだった」

イノベーションを生み出す脳のしくみ

刷り込まれた業界の常識から自由になり、新しい発見ができるようになるためには、業界の外に出て外部と触れ合うのがいい。近年、オープン・イノベーションの重要性が叫ばれているのはそこに理由がある。社外と触れ合うことで、なぜイノベーションが促進されるのだろうか。そこには明確な理由がある。

ここでまたエクササイズをやってもらおう。

Exercise 4-4

普段接点のない外部の人たちと触れ合うことがイノベーションの促進につながるメカニズムについて考えてみてください。

＊ヒント
ステップ1で紹介した、イノベーションを生む脳のメカニズムと関係しています。

ステップ1で、人間の脳がイノベーションを生み出すメカニズムについて紹介した。ここでは、その続きの話をしよう。人類の歴史を原始時代まで遡《さかのぼ》っていくと、初めて焼き物をつくったり、金属を加工したりといった画期的イノベーションが起こった時期と、人類の群れの規模が大きくなった時期がほぼ一致しているという説がある。群れの運営スキルが高まり、多くの群れを吸収したり統合することが可能になった結果、多様なバックグラウンドの人たちが集まって暮らす環境が新たに生まれた。それがイノベーションを促進したのではないかという仮説だ。

さまざまな経験にタグがくっついて無意識の世界に蓄積されていく。そして、一見関係のない複数の概念が同時に検索活動に引っかかり、新たなメタ概念が生まれる。それがイノベーションのメカニズムだった。

そう考えると、バックグラウンドの異なる人が集まることは、これまで入ってこなかった新しい刺激が入ってくることを意味する。それにタグがくっついて、多様な概念が蓄積されていく。また、異なる検索パターンを持った人たちが群れの中に入ってくることも意味する。これが群れの規模の拡大とイノベーションがほぼ同時期に起こっていることを説明するひとつのモノの見方だ。

誰とでも接すればいい、というわけではない

これが正しいとすると、新しいアイデアを発見するためには、普段接点のない人たちと接することが効果を発揮することになる。実際、シリコンバレーが情報通信業界やバイオサイエンスの領域で、世界的なイノベーションの中心地になっているのは、そこに多様な国籍、多様な文化、多様な業界の人たちが集まってきて、創造的な実験が日夜行われているからだといわれる。

ただし、ここで注意しなければいけないのは、接する相手が誰でもいいということではないことだ。かつてある企業が、新しいイノベーションを生み出すために、ミュージシャンや俳優を研究所に招いてブレインストーミングをしたという話を聞いたことがある。しかし、それが新しい発見につながったという話は聞かない。つまり、話をする相手は誰でもいいというわけではなく、適切な範囲があるということだ。

それについて考える題材として、シャープの「緊急プロジェクト」について紹介したい。シャープの緊急プロジェクトとは、戦略製品を開発するために必要な人材、経営資源を社内から幅広く集めてくるための組織運営術といっていい。プロジェクトリーダーに選ばれた人には、役員だけが身に付ける「金バッジ」を着用することが許さ

れる。この威力が絶大で、そのプロジェクトの推進に必要な人、資金、設備を最優先で調達できるのだ。

多くの企業では、プロジェクトリーダーが、「この人材を3カ月間借りたい」といっても、所属部門の長があれこれと理由をつけては貸し出さないことが多い。その結果、必要な知見を持った人材が集まらず、プロジェクトが遅々として進まなくなったり、頓挫したりする。それを避けるため、シャープは戦略製品のプロジェクトリーダーに強権を与えたのだ。その結果、電子手帳のザウルスや、液晶テレビのアクオスなどの秀逸な製品をいち早く世に出すことに成功した。

これらの製品を開発するためには、さまざまな知見が必要になる。半導体、液晶などの部材のレベルから、情報端末やテレビといった完成品のレベルまで、さまざまな事業部門、人材が関与する。これら所属部門の違う人たち、しかも各部門のエース級の人材が集まり、協業したことで、多様な概念が多様な検索パターンに引っかかり、新たな発見を促進したと考えられる。これが緊急プロジェクトがイノベーションを生んだメカニズムである。

オープン・イノベーションを成功させるためのカギ

ところが、この緊急プロジェクトが、「ガラパゴス」という製品ではなぜか成功につながらなかった。ガラパゴスはｉＰａｄの前身になる製品で、電子手帳やワープロとして使え、かつ電子新聞や電子書籍も受信できた。ところが、売り出して早々に撤退が決まった。

その後アップルがｉＰａｄを売り出し、ガラパゴスがやろうとしたことをすべて実現してしまった。両社の間にはどのような違いがあったのだろうか。ここでまたエクササイズをしよう。

Exercise 4-5

シャープのガラパゴスで、緊急プロジェクトがイノベーションにつながらなかった理由を考えてみてください。

*ヒント

同時に検索に引っかかるべき複数の概念は、何でもいいというわけではなく、適切な範囲があります。

緊急プロジェクトとは、社内のさまざまな部門に分散している人材を集めてくる組織運営術である。ということは、「社内にある知見で新しい製品ができる」という暗默の前提に立っていることになる。しかし、ガラパゴスは電子新聞や電子書籍などのコンテンツがあってはじめて生きる製品だ。それがなければただの電子手帳になってしまう。このコンテンツの品揃えがネックになり、魅力的な製品にならなかった。iＰａｄはここを克服し、多様なコンテンツやアプリを載せることで、魅力的な製品に仕上がった。

緊急プロジェクトがザウルスやアクオスで成功したのは、そこで必要な知見が、半導体や液晶などの「部材のレベル」と、情報端末・テレビなどの「完成品のレベル」に限られていたからだ。その範囲であれば、社内に十分な人材がいる。

ところが、ガラパゴスやｉＰａｄは、それだけで済まない。「部材のレベル」「完成品のレベル」に加えて、コンテンツやアプリを動かす「プラットフォームのレベル」に関する知見が求められたのだ。そこではソフトウェアや通信、著作権の保護などに関する知見が求められる。それらに関して十分な知見を出せる人材は社内にはいなかった。そこでは社外の人材を巻き込む必要があったのだ。つまりオープン・イノベーションである。

言い換えれば、iPadのような製品は、単に製品をつくるだけでは済まず、プラットフォーム型のビジネスモデルを創ることを意味する。このため問題が複雑化し、その規模が企業の器を超えてしまったのだ。

これに対応するためには、社外のパートナーやエコシステムを活用するしかない。それをやったのがスティーブ・ジョブズだ。「緊急プロジェクト」というモノの見方からは、社内の経営資源は見えても、逆に社外は見えなくなるのだ。

このケースからわかる通り、ただバックグラウンドの異なる人を集めて「ワイガヤ」をすればいいというものではない。将来の製品やビジネスモデルのアーキテクチャを解明し、そこで必要になるであろう人や知見の範囲を適切に特定することが重要になる。そこでは過去の成功体験や業界の常識を疑うことも必要になる。それがオープン・イノベーションを成功させるための鍵になるといってもいいだろう。

STEP 4

まとめ

常識から自由になるために、次のトレーニングに取り組んでみましょう。

◎新事業のテーマをひとつ選ぶ

◎その事業に関連する「業界の常識」をノートに書き出す

◎そこに書かれたことの中に潜む「欺瞞」について考える

◎そこから、顧客に提供できる新たな価値について考えてみる

◎また、商品やサービスが利用されるシーンや、それが提供されるビジネスモデルの全体像をイメージしながら、新たにどのような知見が必要になるのか考えてみる

◎そうした知見を持っていると思われる人、あるいはそうした人を知っていると思われる人にコンタクトを取り、自分の仮説を示し、意見交換をしてみる

STEP
5

Larry Page & Sergey Brin
Son Masayoshi
Steve Jobs
Jeffrey Bezos
Philip Kotler
Suzuki Toshifumi
Andrew Grove
Louis Gerstner
Lee Kuan Yew
Matsushita Konosuke

コトラーに学ぶ「人の内面を見る」トレーニング

ビジネスの見方を変えた天才

ここまで紹介した天才たちは、いずれも米国および日本のITベンチャーの創業者たちだ。情報革命によってビジネスの環境が大きく変わり行く中で、これまでなかったビジネスモデルを生み出し、勝ち上がってきた人物ばかりだ。

ここでは少し視点を変えて、マーケティングの大御所であるフィリップ・コトラーを取り上げたい。マーケティングとはビジネスにおいて重要なモノの見方を提供してきた学問だ。しかも、時代の流れにあわせて、マーケティング理論自体のモノの見方も変えてきている。コトラーが「近代マーケティングの父」「マーケティングの神様」と呼ばれているのは、こうした学問自体のモノの見方の変遷をリードしてきたからだ。

コトラーは元々シカゴ大学で経済学を学び、その後マサチューセッツ工科大学（MIT）に行き、経済学の博士課程を修了している。そのときの審査で面接官になったのが、「近代経済学の父」と呼ばれたポール・サミュエルソンだった。サミュエルソンはノーベル経済学賞を受賞しており、経済学を「社会科学の女王」とまで呼ばれる地位に押し上げた人物だ。サミュエルソン自身がハーバード大学で経済学博士を取ったときの話だ。審査委員の3人の高名な教授が、面接終了後に顔を見合わせて、「むしろ自分たちの方がサミュエルソンから合格点をもらえたのだろうか」と言ったという逸話が残るほどの切れ者だった。

この達人サミュエルソンが、コトラーに対して面接の場で質問を投げかけた。

「マルクスの労働価値説についてどう思うか？」

ここではこれをエクササイズの題材にするのはやめておこう。その方が読者のためであり、私のためでもある。

これに対して、もうひとりの達人であるコトラーは次のように返した。

「価値は消費体験の中で認識される」

労働価値説とは、モノの価値の本質は、それを生産するために投入された労働に起因するという考え方だ。サミュエルソンは、モノの価値がどのように生まれるのかをテーマに問いを投げたのに対して、コトラーはモノの価値がいかに認識されるかについて答えた。何となく禅問答のような対話に聞こえる。つまり、価値が生まれる過程だけを見ていては不十分で、価値が認識される過程をも視野に入れることで、はじめて全体像を捉えることができるということだ。このモノの見方は、サミュエルソン自身が近代経済学を確立した考え方と一致すると同時に、サミュエルソンの数学的手法の限界にも言及するものであった。これがその後、コトラーのマーケティング理論の基本的な視点となっていく。

「モノの価値」の見方を変えたコトラー

コトラーはその後、ノースウェスタン大学経営大学院から呼ばれ、経済学かマーケティングのいずれを教えるか、選択を求められる。コトラーを誘ったドナルド・ジェイコブスは、「君が正式にマーケティングを学んだことがないのは承知の上だ。専門が違うからこそ、新たな視点を持ち込めるのではないか」と語ったそうだ。コトラーもこの誘いに乗り、「経済学はすでに発展した分野だ。独自の理論を生み出せる可能性はマーケティングの方が高い」と考え、マーケティングの道を歩むことを決断する。

2人の予見は的中し、その後コトラーはマーケティング理論の発展をリードしていく存在になる。マーケティングは企業活動と一体不可分であることから、企業が直面する環境の変化に合わせて、マーケティング理論自体も変化していくことが求められる。

コトラーは過去に少なくとも2度、マーケティングにおけるモノの見方を大きく転換している。最初は米国経済が成長期から成熟期に転じた1970年代であり、次は情報革命が起こった最近の話だ。ここではマーケティング理論の変遷、「価値がいかに認識されるか」に関する見方の変化について、あなたにも考えてみてもらおう。

Exercise 5-1

成長期から成熟期に転換したときに、消費者のモノに対する見方がどう変わったのか考えてみてください。また、情報革命によって、消費行動がどう変化してきているかについても考えてみましょう。

Philip Kotler
1931-

大衆を相手にしたマーケティングは、産業革命の勃興によって初めて必要とされるようになった。モノを大量に安く生産し、届けることが可能になったため、マスマーケットに対して必需品を大量に売り込む技術が求められたのだ。誰もが必要とする必需品が対象であったことから、初期のマーケティングは「消費者に商品の存在を知らしめれば売れる」という前提に立った、プロダクトアウト型、プッシュ型のアプローチが多かった。

ところが、1970年代になると、米国において経済が飽和し、次第にモノがあふれるようになっていった。多くの家庭で、必需品はもはや憧れの対象ではなくなった。この時から、消費者は自分の好みに合ったものを選り好んで買うようになっていった。これに合わせてマーケティング理論の中にも、「顧客を分類する」という考え方（セグメンテーション）が持ち込まれる。顧客を細かくグルーピングし、より深く理解する。商品ではなく顧客を見ようという考え方が出てきたのである。

これによって、顧客が何に価値を認めるか、何に共感を覚え、アイデンティティを感じるのかが議論のテーマになっていった。そこから、商品を超えた「ブランド」というものが着目されるようになる。つまり、マーケティングは商品を売り込む技術から、ターゲットとする消費者を知り、継続的な関係を構築する学問へと発展していったのだ。

そうなると、マーケティングはモノをつくって売る企業のためのものだけではなくなっていく。早い段階からコトラーが公共セクターのマーケティングに関心を持つようになっていったのはこのためだ。政府や美術館、大学などの公共セクターにおいても、市民や学生との継続的な関係をいかに形成していくかは大きな問題であり、それを解決することでマーケティングの可能性がさらに広がると考えたからだ。

金やモノから、「人」が主役に

その後、今度は情報革命が起こった。情報通信技術が発達したことにより、ＳＮＳなどを介して消費者同士がお互いにつながるようになっていった。その結果、消費者自身がブログを通じて発信するようになり、他の消費者はメーカーよりも仲間のブログの方を信用するようになっていった。また、同じ価値観を持つ人たちのコミュニティができあがったことで、そこに働きかけ、消費者参加型の商品開発に取り組む企業も現れるようになった。

あるいはアップルのように、熱狂的なファンが参加するストーリーを提供する企業も現れた。企業はもはや株主だけのものではなくなったのだ。いくら儲けになったとしても、消費者を裏切るようなことは許されなくなってきている。それは従業員も同じであり、アップルストアのように、従業員と顧客が共にストーリーを演じる場を提供することが企業の役割に変わってきているのだ。

こうした企業はアップルだけではない。スターバックス、ディズニーランド、星野リゾートなどを見れば、変化の芽が見えてくるだろう。顧客や従業員が企業とともに価値を共創する時代へ移ってきているのである。

産業革命の時代には、金やモノが主役であった。企業が経営資源を動員して価値あるモノをつくり出した。消費者は一生懸命企業で働き、貯めたお金で憧れのモノを買った。しかし、情報革命の時代には、情報はタダで提供される。音楽も映像もゲームもニュースも、最低限のものはタダで楽しむことができるのだ。そうなると、お金を貯めて「いつかはクラウン」といった我慢強い消費者や従業員はいなくなっていく。

モノや情報はもはや希少ではなくなり、自分の価値観を満たしてくれる仲間や、参加型のストーリーを消費者は希求するようになってきている。何年も先まで待つのではなく、いますぐ意味のある活動にメンバーとして参加することが価値をもたらすように変わってきている。つまり、金やモノに代わって、人が主役になったのだ。

新商品ではなく、新しいイメージを生み出したペプシ

こうしたモノがあふれる時代のマーケティングにおいては、商品ではなく顧客の内面を知ることが大切になる。そうしたニーズに対応するために、マーケティングが生み出した画期的な手法が、「セグメンテーション」と呼ばれる顧客を分類する手法である。これを使ってペプシコーラがコカ・コーラ（コーク）から大きなシェアを奪取することに成功したのが、いまではマーケティングの世界の伝説にもなっている「コーラ戦争」である。顧客を知ることで大きな価値を生み出せることを理解する上で、これほど格好の題材もないことから、ここではコーラ戦争を使っていくつかのエクササイズをしてみたい。

コーラ戦争はいくつかのステージに分かれる。最初は1960年代だ。ペプシを「若くて挑戦的で都会的なブランド」として消費者の心に焼きつけるため、若いアーティストを広告に起用し、積極的な宣伝やイベントを打っていった。この「ペプシ・ジェネレーション」と呼ばれる活動は、驚くほどの成果を収め、一気にペプシをコークに対抗できる一大ブランドに押し上げた。

ビジネスチャンスの見え方が変わる

ここでペプシが取ったのが、顧客を分類するというアプローチである。消費者を「若くて挑戦的で都会的な人」か「それ以外の人」に大きく分けた上で、前者はペプシを飲みましょうとやったのだ。これによって、自分は「若くて挑戦的で都会的」だと思う人が、突如としてペプシを自ら選択するようになったのである。

ここで注目すべきは、ペプシが新しい画期的な商品を売り出したのではないということだ。商品を見ているだけでは、なぜペプシが一気に市場シェアを奪取できたのかはわからない。コークもペプシも、目隠しされればわからないほど、味に大した違いはない。変わったのは商品ではなく、消費者の認識なのだ。自分は「若くて挑戦的で都会的」だと思われたい人に向けて、ペプシと書かれたボトルを手にするだけで、そう見える環境を用意したのである。それが消費者の行動を一変させたのだ。

これをステップ2で、証券会社の市場構造を解明するときに使った図を用いて表現すると、次のようになる。左側の図は、まだ顧客を分類するという概念自体が存在していなかったころのもので、コークが市場の中心を占め、ペプシがその周辺に付随する形になっている。ところが右側の図では、ペプシがはじめて顧客を2つに分類し、挑戦的な若者をコークから引き離すことに成功したのだ。

このように、顧客や市場をどう見るかによって、ビジネスチャンスの見え方が違ってくることがわかるだろう。

ペプシ・チャレンジはなぜ成功したのか

次にペプシが放った攻撃は、1975年から始まる「ペプシ・チャレンジ」だ。全米各地にコーラ愛好家を集め、ペプシとコークのブラインド・テイスティングを行った。目隠しをした状態で美味しい方を選ばせるという実験だが、ここで過半数の人がペプシを選ぶ傾向が明らかになったことから、「味で選ぶ人はペプシ」というイメー

図11　ケーススタディ：コーラ戦争1

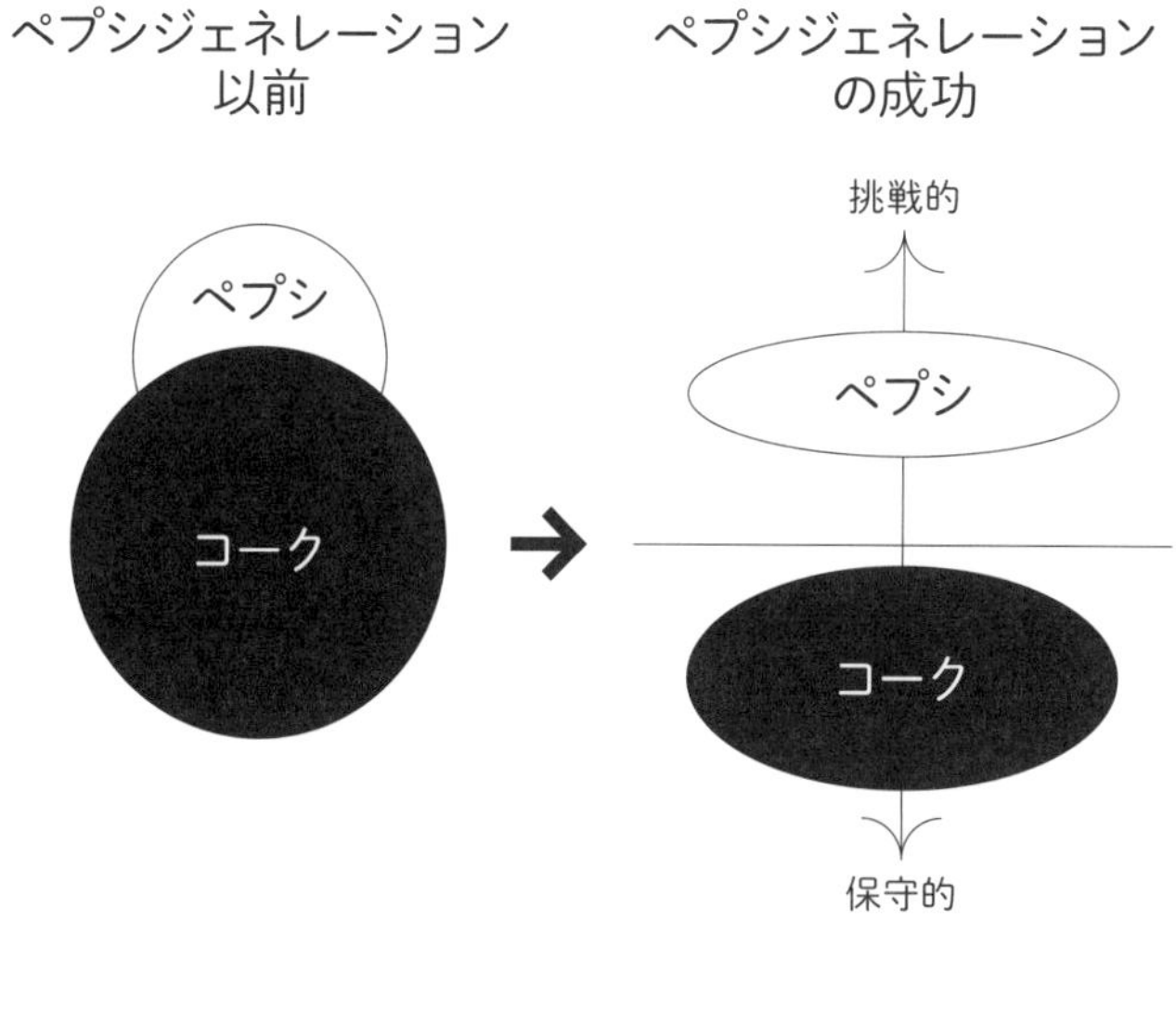

ジを打ち立てることに成功した。

筆者も米国にいたときに、マーケティングの授業でこの実験の再現に参加したことがある。米国人はコーラにこだわりのある人が多く、みな最初は、「私はコークしか飲まない。ペプシは甘すぎて飲めない」とか、「俺は誰よりもペプシを愛している」と主張していた。ところが、「ペプシは甘すぎて飲めない」といっていた人が「こっちがコークだ」と選んだ方が、実はペプシだったり、あるいはその逆だったりということが頻発した。いかに人の味覚はあてにならないものかを見せつけられるできごとだった。

言い換えれば、コークとペプシの味には、普通の人が利き分けられるだけの差はないということになる。それにも関わらず、ペプシ・チャレンジは大成功した。それではここでエクササイズをしてもらおう。

Exercise 5-2

先ほどの
ペプシ・ジェネレーションの
図を参考にしながら、
ペプシ・チャレンジのときに
起こったことを表現してみてください。

＊ヒント
顧客を分類することがセグメンテーションの本質です。

ここでは、ペプシは顧客を分類するための第2の軸を持ち込んだ。それは「あなたは味で選びますか、それともブランドで選びますか」というものだ。これによって、自分は「味で選ぶ」という消費者をコークから切り取ることに成功したのである。下の図の左下のゾーンを追加で奪い取ったことになる。

ここでも、実際の味に大きな違いがないのは明らかだ。味を利き分けることはできないが、何となく過半数の人がペプシを選ぶという傾向を利用して、「味で選ぶ人はペプシ」という認識をつくり出すことに成功したのだ。それによって、「自分は味の違いがわかる」と思われたい人、「どうせなら美味しい方がいい」と思う人が、ペプシと書かれたボトルを選択するようになったのだ。

図12　ケーススタディ：コーラ戦争2

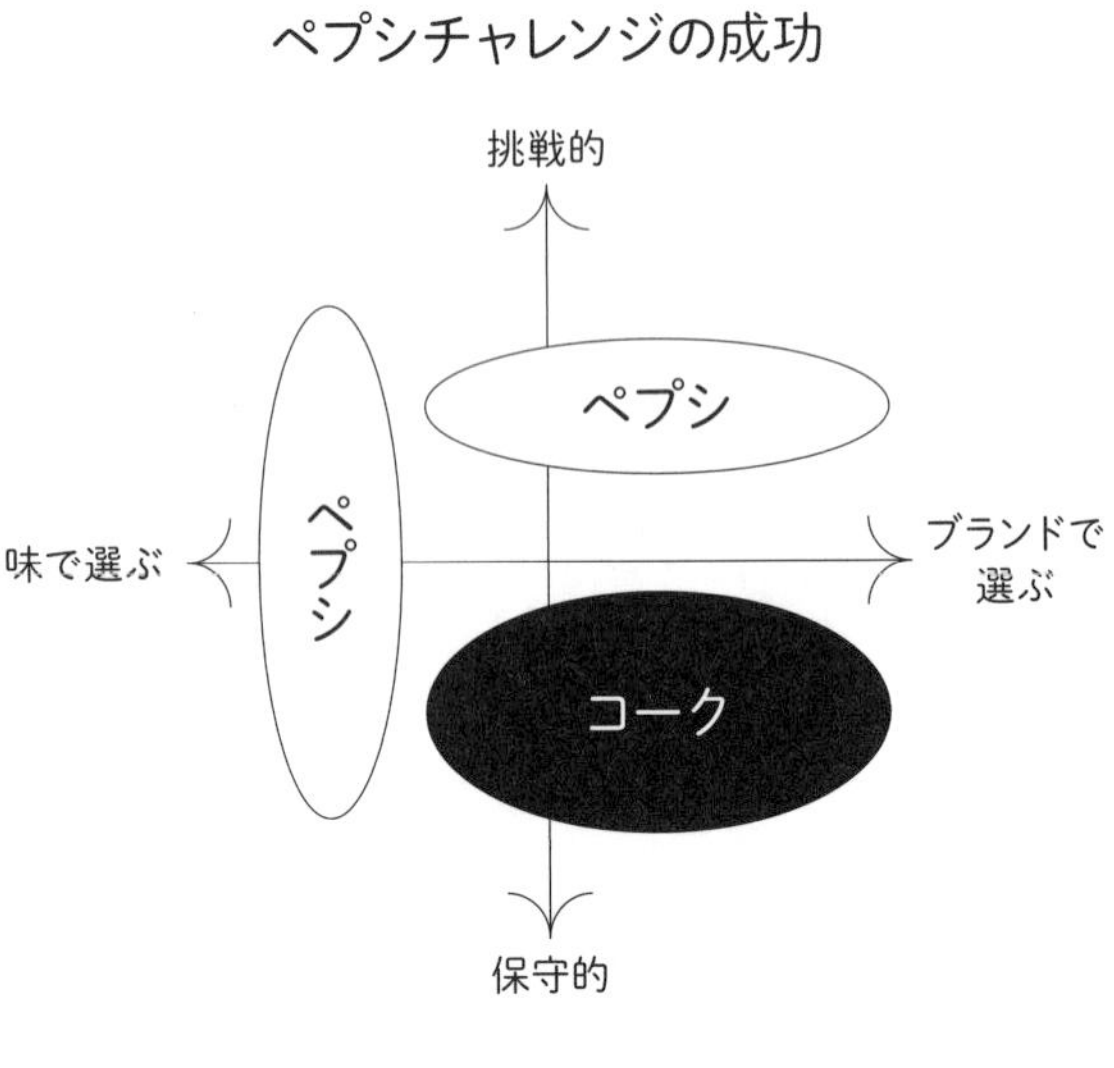

ダイエット・コークを口火に反撃

コーラ戦争にはさらに続きがある。今度はコカ・コーラの反撃が始まる。まず、ダイエット・コークの発売がその第一弾だ。このダイエット飲料は当初の予想を超えるヒット商品となり、ダイエット飲料でトップ、飲料全体でも3位にランキングされるようになった。ここでまたエクササイズを出そう。

Exercise 5-3

ダイエット・コークの発売で起こったことを、ペプシ・ジェネレーションやペプシ・チャレンジの図を参考にしながら表現してみてください。

✲ヒント
繰り返しになりますが、顧客を分類することがセグメンテーションの本質です。

今度は、コカ・コーラ側が顧客を分類する第3の軸を持ち込んだ。それは、「あなたは健康志向が強いですか、それともそれを気にしない人ですか」というものだ。ここでは3次元の図を描くことは難しいので、2次元の図で表現すると、次のようになろう。つまり、「私は健康志向が強い」と思う人がダイエット・コークに飛びついたのだ。これによって、右上のゾーンをペプシから奪い返すことに成功した。

ニューコークはなぜ失敗したのか

次に、コカ・コーラが放った反撃の第2弾が、「ニューコーク」といわれる新しいブランドの導入である。ペプシ・チャレンジで、

図13　ケーススタディ：コーラ戦争3

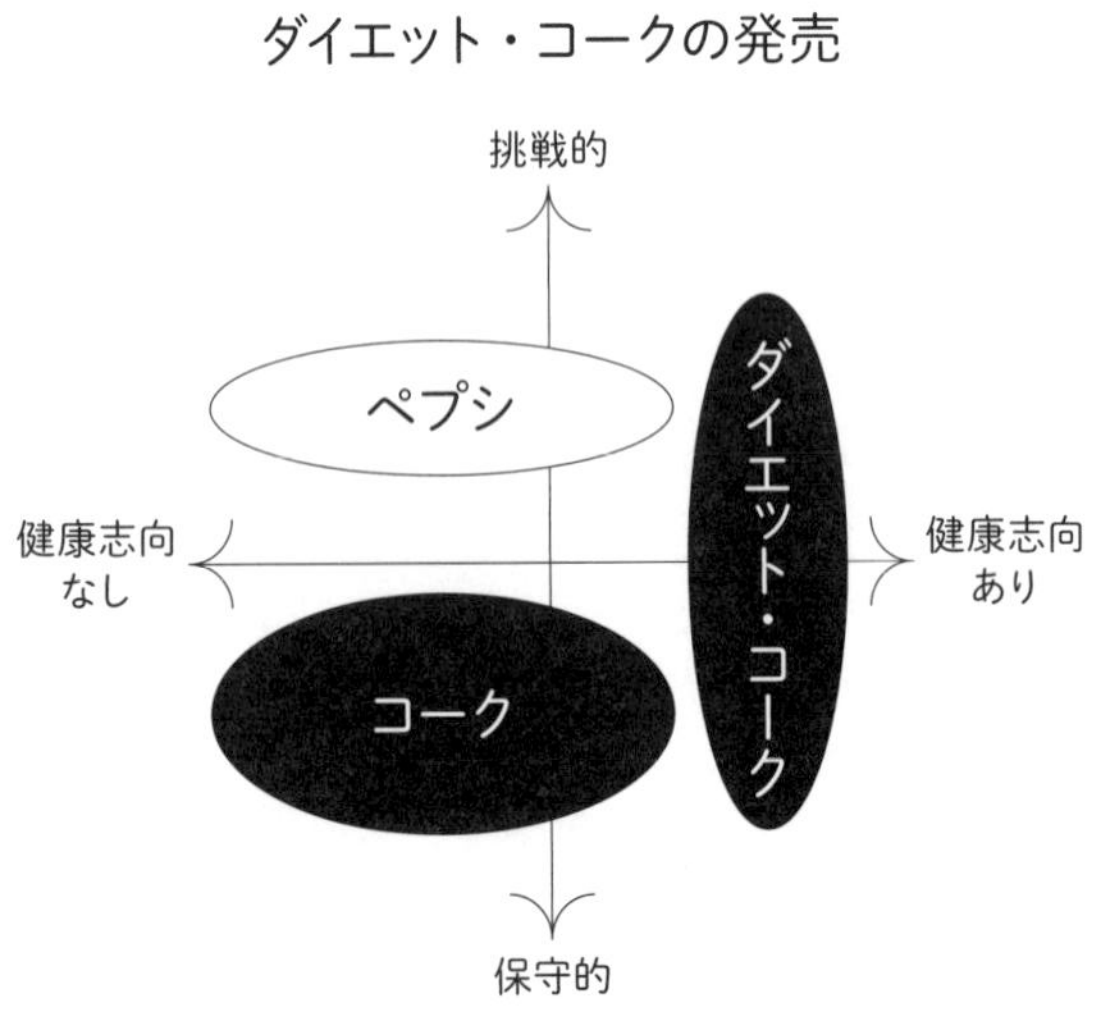

目隠しをされると過半数の消費者がペプシを選ぶ事実を見せつけられたコカ・コーラの経営者は、大きな脅威を抱いた。そして、「ペプシに勝てる味」の調合に多大なエネルギーを割くこととなった。その結果生まれてきたのがニューコークである。

目隠しをしてブラインド・テイスティングをすると、過半数の人がニューコークを選んだのだ。1985年、コカ・コーラはこの新しい商品をひっさげ、ペプシ・チャレンジで奪われたシェアを一気に取り戻そうとした。

ところが、これが大失敗につながる。2つのブランドが並存するのはわかりにくいと考え、ニューコークを売り出すと同時に、従来のコークを廃止してしまったからだ。これに対して、コークを支持してきた保守的な顧客が猛反発する。

自分たちのブランドが突然取り上げられ、ニューコークという異質なものを押しつけられた。そう感じた全国のファンから、コカ・コーラに対する抗議が殺到し、それは日を追うごとに激しくなっていった。

目隠しをしたブラインドテストでは、引き続きニューコークはペプシに勝っていた。にも関わらず、ブランドを明らかにしたテストではペプシが圧勝するというおかしな現象にまでつながった。ニューコークというブランド自体が市場から拒否されてしまったということだ。ここでまたエクササイズをしよう。

Exercise 5-4

ニューコークの発売で起こったことを図で表現してみましょう。なぜニューコークが失敗に終わったのかを説明することができたでしょうか？

ニューコークはペプシ・チャレンジでペプシが導入した構図を逆手にとって、「味で選ぶ層」をペプシからニューコークに切り替えさせようと意図したものである（上図）。ところが、ここで、ブランドを一本化し、従来のコークをニューコークで置き換えてしまったことから、コークにとって大票田の保守層の離反を招いてしまったのだ（下図）。この騒動から、ブランドとは消費者のものであり、彼らのライフスタイルの一部になっていることがわかる。製造元の企業といえども、それを勝手に変えることは許されないということだ。

図14　ケーススタディ：コーラ戦争4

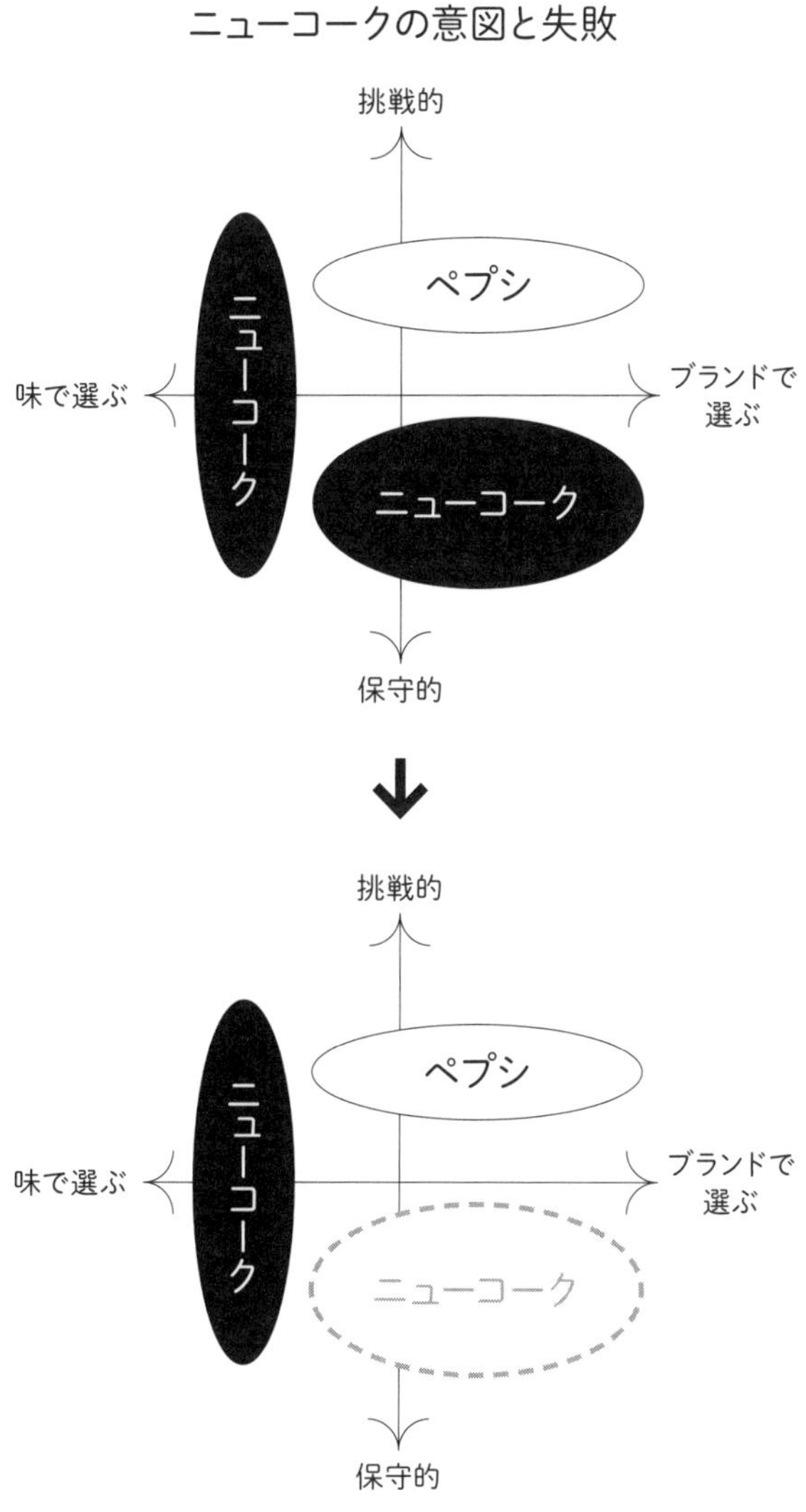

ペプシひとり負けの真相

さて、ここまでがマーケティング理論の古典といわれるコーラ戦争だ。さまざまな軸を持ち込み消費者を分類し、ターゲットと定めた層の内面を理解することで、より効果的なメッセージを送れるようになる。そして、それによって彼らの行動を変えることが可能なことについて述べてきた。このアプローチをマスターできたかどうかを確認するために、ここでもうひとつエクササイズをやりたい。ここで取り上げるのはもう少し最近の話だ。

2010年は、ペプシコ社の飲料部門にとっては厳しい年になった。主力ブランドであるペプシコーラとダイエット・ペプシの米国内売上数量が、それぞれ4・8%と5・2%減少したのだ。炭酸飲料全体では0・5%の減少であったことから、その影響の大きさがわかる。特に、ペプシコーラはダイエット・コークに順位を逆転され、第3位まで後退した。一方のコークとダイエット・コークには、前年比で大きな変動は見られていない。目隠しされればほとんど区別のつかない商品であるにも関わらず、ペプシだけがひとり負けしているのだ。

ちなみに、米国のノンアルコール飲料全体（炭酸飲料、水、ティーなど）は、2010年は1・2％伸びた。主として紅茶・コーヒー系の飲料、スポーツドリンク、エネルギー補給飲料などが成長に寄与した。さて、ここで、起こっていることを先ほどと同じように図で表現するとどうなるだろうか。またエクササイズに取り組んでみよう。

Exercise 5-5

2010年にペプシだけがひとり負けになっている状況を、これまでと同じように図で表現してみましょう。なぜペプシだけが大きくシェアを落としているのかを説明できたでしょうか？

図15　ケーススタディ：コーラ戦争5

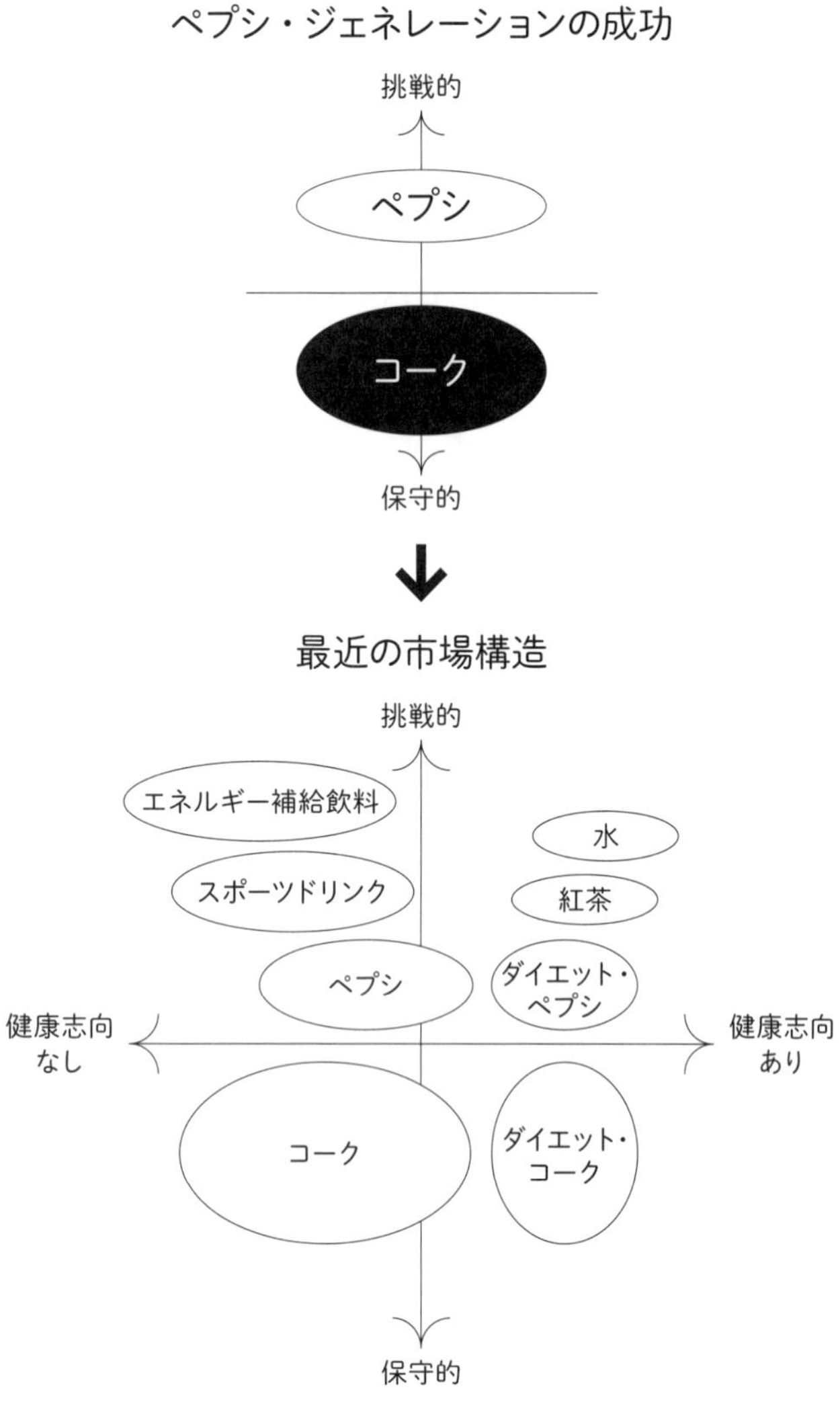

右頁の図を見てもらおう。上の図はペプシ・ジェネレーションのときの構図である。ここでは、ペプシが挑戦的な若者を切り分け、惹きつけることに成功した。ところが、この若くて挑戦的な層をターゲットにしたことが、ペプシ・ジェネレーションの成功要因にもなり、2010年時点で苦戦する原因にもなっているのだ。

挑戦的な若者とは、何でも新しいことを試してみたい人たちである。それが、ペプシ・ジェネレーションのときに真っ先にペプシに飛びついた理由である。ところが、この層は「浮気しやすい層」ということもできる。最近になって新たに登場してきたエネルギー補給飲料やスポーツドリンクに真っ先に反応したのもこの層なのだ。

一方で、ペプシ・ジェネレーションのときに、結果的に保守的な層の顧客がコーク側に残った。この層はいわゆる「鉄板」といわれる層で、エネルギー補給飲料が来ようと、スポーツドリンクが来ようと、容易にはなびかない層だ。この拠って立つ顧客層の違いが、同じような飲み物であるにも関わらず、ペプシだけがひとり負けするという現象を生み出したのだ。

製品を見ていても、答えは出ない

ここで注意しなければいけないのは、製品を見てはいけないということだ。製品を見ていると、顧客の動きが見えにくくなる。顧客を見ることで、製品の売上変動の裏側に働く力が浮かび上がってくる。だからこそ、セグメンテーションは顧客の分類でなければならないのだ。先のエクササイズをやってもらうと、「炭酸飲料か非炭酸飲料か」といった軸を持ち込む人が多いが、それは製品の分類であって、顧客の分類ではない。そのような見方をすると、なぜペプシだけが売上を落としているのかが見えにくくなる。

現象の背後にある顧客の動きを捉えないまま答えを探すと、本質から外れた施策を打ってしまうことが多い。例えばこのような局面に遭遇したとき、コークに対してキャンペーンを張るというアクションを取りやすい。しかし、この場面でコークに対してキャンペーンを打ってみたところで、おそらく効果は乏しいだろう。なぜなら、ペプシの真の敵はもはやコークではなく、エネルギー補給飲料やスポーツドリンクに変わっているからだ。

以上、顧客に目を向けること、顧客を分類することの重要性について述べてきた。

コトラーの金言を引用すれば、「市場の変化とは、本質的に顧客の行動の変化です。新しい価値をどこに見出していくのか、何が大切だと考えるようになるのか。顧客の動きを察知し、価値の再定義を急がなければなりません」ということになる。

強いブランドの本質とは何か

ここまで、顧客を分析の中心に据えること、つまり視座を製品側から顧客側に移すことによって、顧客の行動や意思決定のあり方を変えることが可能なことについて述べてきた。「価値がいかに認識されるか」にこだわったコトラーならではの、コペルニクス的転換といえるだろう。

そうすると、次に問題になるのは、ターゲットとする顧客に自社の製品をいかに認知させるかである。そこから浮かび上がってきた新しい概念が「ブランド」である。ブランドとは、ある製品群や企業を他と差別化するための「記号」「シンボル」のことである。記号やシンボルは、相手から知覚されるための「形」を持つとともに、相手にとって重要な「意味」や「価値」を持つ。この意味や価値のことをブランド・エクイティという。コトラーは、このブランドという目に見えない実体を発見したのだ。

それでは次は、このブランドについて考えてみることにしたい。ここでは、サントリーの缶コーヒー「BOSS」を題材に話を進める。BOSSの開発に直接携わった高橋賢藏氏が書き綴った『缶コーヒー職人』(潮出版社)には、強いブランドを生み出すために、彼らがとったアプローチが克明に描かれている。

BOSSの前は、サントリーにはWESTというブランドがあった。ところが、このブランドが消費者調査をしてみると、まったく覚えられていないことがわかった。消費者は自動販売機にたまたまあった缶コーヒーを買っているだけで、WESTを買っているわけではなかったのだ。

ここでサントリーの開発チームは、強いブランドとは何かという問いに直面する。ここであなたにもこの問いについて考えてもらおう。

Exercise 5-6

強いブランドを具体的に
いくつかイメージしてみてください。
できれば飲料や食品の中から
挙げてください。
我々は、なぜその飲料や食品を
飽きもせずに繰り返し
消費するのでしょうか？

強いブランドとは、多くの人が繰り返し消費するもののことをいう。先ほどのコカ・コーラをはじめ、ポカリスエット、カルピス、アサヒスーパードライ、スターバックスコーヒーなどを思い浮かべた人が多いのではないだろうか。これらの商品を我々は頻繁に消費している。中には毎日飲んでいる人もいるだろう。しかし、決して飽きることはない。それはなぜだろうか。

その理由は、体が求めるからである。人間の体内では、無数の化学反応が起こっており、それが人の快、不快を生み出している。病気が起こるのは、体内の化学反応のバランスが崩れるからだ。また、薬を飲むと病気が治るのは、薬の成分が化学反応に作用して、崩れたバランスを元に戻すからである。このような体内のメカニズムのことを薬学の世界で「作用機序」という。

薬のように強力な作用をもたらすものでなくても、食品や飲料の中には、我々の体内に作用し、爽快感や癒しを感じさせてくれるものがある。コカコーラやポカリスエットはまさにそうした商品なのだ。体が無意識のうちにそれを求める。だから毎日飲んでいても飽きが来ないのだ。これが強いブランドの本質である。

5感に訴える商品をつくる

強いブランドをつくるためには、こうした消費者の内面に入り込み、彼らの感情の変化が起きるメカニズムを理解する必要がある。缶コーヒーにはヘビーユーザーがいる。それはタクシーや宅急便のドライバー、建設業の肉体労働者など、体を使う人たちだ。彼らは1日のうちに2缶、3缶とコーヒーを飲む。BOSSの開発チームはここに着目し、彼らが缶コーヒーを飲む理由に迫った。

よく新しい商品を開発する過程で、消費者インタビューが使われる。消費者を会議室に集め、どのような缶コーヒーを飲みたいかを聞くものだ。そこから、「甘さ控えめな缶コーヒーがいい」といった話を引き出し、商品コンセプトに反映させる。ところが、この方法でつくられた商品は売れないことが多い。

なぜなら、会議室でインタビューを受けている状況と、実際に缶コーヒーを飲む状況とが異なるからだ。その結果、自分の感情に基づいて答えているのではなく、「甘さ控えめなコーヒー」といった、どこかの誰かがつくった言葉を、頭の中から取り出してきて答えることになる。

BOSSの開発チームはこの方法をやめ、実際に肉体労働者が缶コーヒーを飲むリアルな状況に迫った。そして、彼らに感情移入し、なぜ彼らが缶コーヒーを飲むのかを感じ取ろうとしたのだ。その結果、彼らは「甘さ控えめな缶コーヒー」など求めていないことに気づいた。彼らの体は肉体労働で疲れ切っている。だから逆に糖分やミルクの補給を求めていたのだ。そこに気づいたサントリーの開発チームは、社内の反対を押し切り、甘さの強いコーヒーを商品化した。

缶には肉体労働者が共感を覚えるような、頼もしいパイプの男のイラストを入れた。BOSSという名前もこうした感情移入を通じて選ばれた。発売当初、矢沢永吉をCMに起用したのも、当時の多くの肉体労働者にとって矢沢永吉は自分が若いころの憧れのヒーローだったからだ。「自分も昔は輝いていたなあ」と思わせてくれる人物なのだ。それがいまでは「まいったなあ」といっているところも、彼らの共感を呼んだ。

このように、味覚だけでなく、視覚や聴覚も含め5感に訴える要素（記号やシンボル）をふんだんに盛り込んだ。それが無意識のうちに検索にひっかかり、ターゲットユーザーが思わず手を伸ばす商品につながったのだ。

顧客の内面にシンクロする

顧客が価値を認識する過程を、顧客の内面に入り込んで感じ取り、顧客がどう心を動かされたいのかを理解する。爽快感や活力、くつろぎや癒し、喜びやワクワク感、かわいさや愛しさ、好奇心や刺激、優越感や全能感など、顧客が求める感情に、自分自身の内面をシンクロさせるのだ。それを続けているうちに、何が顧客の心に響くのか、次第にアイデアが意識の世界に浮かび上がるようになっていく。そして、顧客の5感にどのように訴えかければ、顧客の心を共鳴させることができるのか、我がことのようにわかるようになっていく。

こうした過程から発見された知見が、情報革命の時代においては価値を持つ。情報革命によって、情報やモノの価値が下がる一方、同じ価値観やモノの見方をもった仲間が発信するメッセージは、多くの人を惹きつけるようになった。消費者は企業がつくるモノよりも、仲間の声の方を求めているのだ。いまやお金やモノがなくても、ユーチューブやフェイスブック、ＬＩＮＥを使って、いくらでも楽しめるになった。こうした時代をビジネスパーソンとして生き抜いていく上で、相手の内面を感じ取る力がますます重要になってきている。

ただし、人を共鳴させることは、相手に迎合することではない。それでは、会議室での消費者インタビューと同じになってしまう。「あなたが〝甘さ控えめなコーヒーが欲しい〟といったからつくりました」となる。それが消費者に驚きをもたらすことはない。「まあ、こんな感じですかね」という言葉が返ってくればいい方だろう。

相手の共感を引き出すためには、相手が何に心を動かされるのかについて、自分なりのモノの見方、つまり目利き能力が必要になる。スティーブ・ジョブズやジェフ・ベゾスなど、B to Cの世界を勝ち上がってきた天才たちは、みなそこに長けている。

コトラーの両親はウクライナからの移民だった。ステップ1で紹介したグーグルの創業者のうちのセルゲイ・ブリンも、両親がロシアからの移民だ。この本に出てくる天才たちの中には、ジョブズやベゾスも含め、移民の子や養子の境遇にあった人物が多い。おそらく安易に他人に迎合することを良しとはできない心境の中で生きてきた人たちだ。それが彼らに、周囲に迎合することなく、人が求めるものを異なる角度から見る力を授けたのではないだろうか。

STEP 5

まとめ

人の内面を見られるようになるために、次のトレーニングに取り組んでみましょう。

◎顧客をさまざまな切り口から分類してみる

◎その中から、魅力的なターゲットを選ぶ

◎彼らの内面に感情移入し、彼らがどのように心を動かされたいのか想像する

◎さらに、彼らの内側から世界を見ることで、何が彼らの心を動かすのかについて想像を広げる

◎それらを使って、どのように顧客の5感に刺激を与え、心を動かすことができるのかについて考える

STEP
6

Larry Page & Sergey Brin
Son Masayoshi
Steve Jobs
Jeffrey Bezos
Philip Kotler
Suzuki Toshifumi
Andrew Grove
Louis Gerstner
Lee Kuan Yew
Matsushita Konosuke

鈴木敏文に学ぶ「仮説を立て検証する」トレーニング

その仮説は、検証できるのか？

ステップ1から5では、「見えないものを見る」「自分の器を超えた問題を解く」「未来を創りだす」「常識から自由になる」「人の内面を見る」といった一連のトレーニングに取り組んでもらった。これまで経験したことのない新しい環境の中を生き抜いていくには、いま自分に見えていないもの、そもそも目で見ることができないものについて仮説を立てる力が必要になるからだ。

ただ、仮説とはあくまでも仮の答えであって、それが効果を発揮するかどうかは検証してみなければわか

視野を広げる方向性

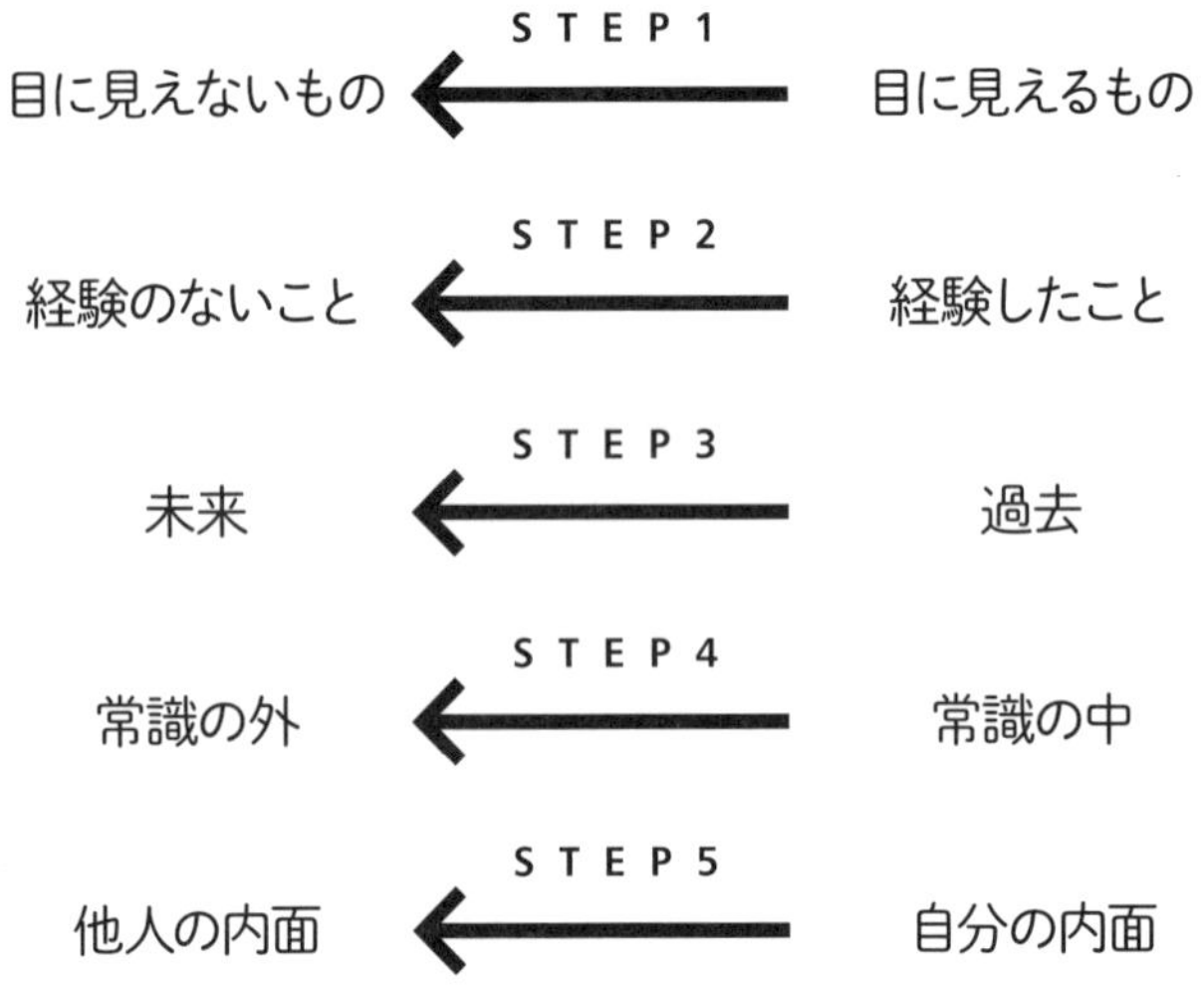

らない。仮説を検証し、それを裏づける証拠（エビデンス）が得られれば、それを実行に移すことで、大きな成果を期待できる。しかし、仮説を検証しようとすると、仮説自体が具体化されていないと、検証することもできない。それを理解するために、ここで早速エクササイズをやってもらおう。

Exercise 6-1

次の2つの仮説について、それぞれ検証可能か、可能でないかを考えてください。また、その理由を説明してください。

①肉体労働者は疲れているので甘いコーヒーを求めているはずだ。

②甘さ控えめなコーヒーが売れるだろう。

ここで仮説の検証が可能かどうかは、それを裏づけるための調査や実験のデザインを具体化できるかどうかにかかっている。「肉体労働者は疲れているので甘いコーヒーを求めているはずだ」という仮説については検証可能だ。実際に夕方現場に行って、肉体労働者100人に、甘いコーヒーと普通のコーヒーを飲み比べてもらえばいい。しかし、「甘さ控えめなコーヒーが売れるだろう」という仮説では、そもそも検証ができない。一体いくら売れれば「売れた」ことになるのかが定義されていないからだ。仮説が検証可能であるためには、5W1Hが具体化されている必要があるのだ。

ステップ6では、仮説を立て検証する力を強化するためのトレーニングに取り組んでもらう。ここでご登場いただくのは、口を開けば「仮説」と「検証」という言葉がでてくることで有名な、セブン&アイ・ホールディングスの鈴木敏文会長である。鈴木氏は仮説の設定と検証を通じて、セブン-イレブンを日本で大成功させた立役者だ。アマゾン・ドット・コムがセブン-イレブンの店舗に配送用のロッカーを設置させて欲しいと頼み込むほど、情報革命後の世界においても存在感を発揮している。

ここではセブン-イレブンを題材に、次のエクササイズに取り組んでもらおう。

Exercise 6-2

セブン-イレブンの1店舗あたり日販は67万円と、他のコンビニの50万円台前半の水準を圧倒しています。この違いがどこから生まれてくるのか考えてみましょう。

＊ヒント
目に見えるところだけを見ていては、なかなか違いに気づきにくいでしょう。

Suzuki Toshifumi
1932-

なぜ、セブン-イレブンだけが売れるのか

コンビニの店舗に入ると、どこも同じような広さで、同じような什器、同じような品揃えの店が多い。このため、自分が入った店がセブン-イレブンなのかローソンなのか、ファミリーマートなのか、最後まで気づかないことすらある。小売業や外食業には、「フォーマット」と呼ばれる店づくりの成功パターンがあるからだ。コンビニ、スーパー、ファミレス、牛丼チェーンなど、タイプごとに店づくりの成功パターンが解明されてきており、系列は違えども、似たような店づくりに収束していく傾向がある。

ところが、1店舗あたりの日販を見ると、セブン-イレブンは67万円と、ローソンの55万円、ファミリーマートの53万円を圧倒している。その原因は、店づくり以外のところにあるということになる。それがここでの問いである。

経営を「心理学」で捉える理由

結論からいうと、商品が買い上げられるスピードが違うのだ。これは有名な話なのだが、海辺の町で、釣り船の発着場へ続く道沿いにセブン-イレブンの店があった。

ここで、いつも同じおにぎりの品揃えをしていれば、商品が買い上げられるスピードは他社と同じになる。

ところが、「この週末は暑くなりそうだ。そうすると、お客さんも早朝に買いに来たとき、炎天下でも痛みにくい梅のおにぎりを選ぶのではないか」という仮説を立てるのがセブン‐イレブンなのだ。そして、梅のおにぎりをいつもより多めに品揃えしておくと、それが瞬く間に売れる。

長い冬の終わりごろ、少し暖かくなる日がある。そうしたとき、「冬の間食べていなかった冷やし中華やアイスクリームを、急に食べたくなる人たちがいるのではないか」と仮説を立てる。それに合わせて品揃えを充実させておくと、それがまた売れる。こうした仮説を立て、商品が買い上げられるスピードを極限まで高めた結果が、圧倒的な1店舗あたりの売上高に表れているのだ。

鈴木会長が、常々「我々の競争相手は同業他社でなく、めまぐるしく変化する顧客ニーズである」というのはここに理由がある。同業他社の店づくりを見ていても、結局フォーマットに収束していくだけで、差別化にはならない。本来の差別化を追求するなら、ステップ5でやったように、顧客の心の内側を見にいく必要があるということだ。鈴木氏がよく「経営を心理学で捉える」といわれる所以はそこにある。

門外漢だからこそできる非常識発想

鈴木氏は出版取次大手のトーハン出身という異色の経歴を持つ。イトーヨーカドーの店頭支援で服を売ったこともあるが、「お前が立っていると喧嘩を売っているみたいだ」といわれたそうだ。ジェフ・ベゾスが小売業の門外漢でありながら、アマゾンを立上げ、小売業を根底から揺さぶる存在になったことと似ている。

門外漢であるだけに、ベゾス同様、業界の常識には縛られない。例えば「現場に行け」「他店を見学しろ」はこの業界の常識だが、鈴木氏はそれを戒めている。情報が瞬時に伝わる時代においては、店づくりや品揃えのように、目に見えるものだけを見ていても、本質は見えてこないからだ。むしろ既存のモノの見方に汚染された情報をつかまされるだけと考えているようだ。

例えば、多くの人が「多様化の時代」を唱える中で、日本人の姿は「画一化」しているというモノの見方を提示したことはよく知られている。皆が求めるモノがめまぐるしく変化しているから「多様化」しているように見えているだけで、その実態は、皆が同じブランドに飛びつく「画一化」。こうした「本当のようなウソ」を冷静に暴いてみせる。

一時期さかんに唱えられた「コンビニ5万店飽和論」も同様だ。ベゾスが世の中のモノの見方を変えたのと同じように、鈴木氏も一貫して「マーケットはいま大きく変化している。変化に対応していく限り、市場飽和はありえない」と訴え続けた。過去の常識から自由になることで、世界を新鮮な目で見ることができるのだ。

もうひとつベゾスと共通する点として、徹底した顧客志向がある。真に顧客の心理を優先すると、売り手にとって不都合なことがたくさん出てくる。「鮮度」にこだわると配送回数が増える。死に筋商品を捨てると処分損が出る。周囲に別のセブン-イレブンの店が出ると自店の売上が減る。鈴木氏はこうした売り手の論理を一切意に介さない。メーカーに対しても妥協しない。品揃えを広げ、商品同士を競わせる。遠隔地の大工場でなく、消費地に近いところに小規模の専用工場をたくさんつくらせる。

仮説設定力を組織全体で高めるために

こうした「業界の常識」に縛られない自由なモノの見方が、消費者の内面に関する斬新な仮説の設定を可能にし、商品の買い上げスピードを高めている。と同時に、仮説を検証する力が、「本当のようなウソ」を暴き、常識に縛られないモノの見方を可能にしている。

しかし、鈴木氏が真に優れているのは、それを自分の個人芸に留めず、組織能力にまで高めているところにある。

この斬新な仮説の設定を組織的に推進する上で重要な役割を果たしているのが、全国各地に散らばる、2000名を超えるOFC（オペレーション・フィールド・カウンセラー）だ。OFCは各地域における店舗を訪問し、店長や店員が仮説を立てるのを支援するとともに、POSデータを使って仮説の検証を行い、彼らにフィードバックする。

また、毎週1回東京の本部に集まり、全国で行われた検証活動から得られた洞察を吸収する。その中に自分の担当地域に横展開できるアイデアがあれば、すぐに店長たちと共有する。週1回2000名を超えるOFCを東京に集めるのには相当なコストがかかっているはずだ。普通の企業なら、コスト削減の観点から、成功事例集をつくってメールで配信する、ビデオ会議に変えるなどのアイデアがすぐに出てきそうだ。

しかし、鈴木氏は成功事例をマニュアル化することを戒めている。そんなことをしても、すぐに真似され、効果が長続きしないことがわかっているからだ。鈴木氏が着目しているのは、そうした目に見えやすいところではなく、絶えず最新の仮説を立てる組織能力を高めることである。そのために、週1回のダイレクトコミュニケーションが重要な役割を果たしているのだ。それではまたここで、エクササイズに取り組んでもらおう。

Exercise 6-3

セブン-イレブンのOFCが週1回本部に集まることが、なぜ最新の仮説を立てる組織能力の向上につながるのでしょうか。

＊ヒント
ステップ1でやったことを思い出してみましょう。

絶えず変化していく顧客の内面に関して、最新の仮説を立てようとすると、目利き能力が必要になる。ステップ1で、花王やザ・リッツ・カールトンが目利きを育成している話をしたのを覚えているだろうか。もう忘れた人も多いかもしれない。

そこでは観察↓仮説↓検証の3つを繰り返すことが重要であった。それによって、無意識の世界の検索パターンが顧客に合わせてチューニングされていく。これが目利き能力を獲得するメカニズムだった。そして、いったん目利き能力を獲得できれば、後は顧客の内面に関して、勝手に仮説が浮かび上がってくるようになる。鈴木氏がその重要性を理解していることは、次の言葉から伝わってくる。

「直観と客観によって仮説を立て、実行した結果を検証し、発想力をさらに強化していく」

「POSデータは仮説を検証するためのものだ。問題意識を持って動きを見れば、意味や文脈が浮かび上がり、そこから仮説が生まれる」

つまり、仮説の検証を繰り返すことで斬新な仮説を設定する力を高めることが可能なのだ。セブン-イレブンは、まずOFC自身に観察→仮説→検証を繰り返させることで、地域の目利き能力を身につけさせる。その際、週次ミーティングを通じてOFCの無意識の世界を刺激し続けることが重要なのだ。それによって新たな仮説が浮かび上がるまでの期間を短縮することができる。

そして、それを繰り返すことで目利き能力を獲得したOFCが、今度は地域の店長や店員に同じように刺激を与え、観察→仮説→検証を繰り返させる。毎日1000万人の顧客の行動と心理を読むのだ。そこで鍛えられた力が、組織としての成功要因にならないはずはない。

セブン-イレブンにとって週1回OFCを集めることは、仮説の検証を後押しするために不可欠のことであり、成功事例集で代用できるものではないのだ。セブン-イレブンの店舗を見ていても、他のコンビニとの違いには気づきにくい。それにも関わらず、1店舗あたりの売上高に大きな差が出ているのは、こうした目に見えないところに成功要因があるからだ。

直観を大切にした「データ主義」

鈴木氏は多くの経営者とは異なり、「現場主義」を重視しない。目の前の現象に踊らされることを懸念するからだ。いま目の前で売れているものを自店の棚に並べてみたところで、情報革命の時代においてはすぐに顧客に飽きられる。確からしいものにすがるのでなく、勇気を出して顧客に対して先手をとってはじめて、相手の琴線に触れることができる。

「私はこれが欲しかったんだ！」という驚き、そんな商品と出会った喜びこそが、顧客に財布の紐をゆるめさせる。このため鈴木氏は、「明日のお客様」が何を求めているかについて仮説を立て、徹底的に検証することを求める。このあたりは、「顧客が何を望むかでなく、何を望むようになるかを考える」といっているスティーブ・ジョブズと共通するものがある。

鈴木氏が、客観的な「データ主義」を標榜する一方で、直観を重視するのは、データによる検証の繰り返しが、新しい仮説を生む力につながることを知っているからだ。ジョブズが自然科学と人文科学、技術とデザインの両面性を持っていたのと同じように、鈴木氏もある見方からは客観的に、別の見方からは直観的に見える。

明暗を分けた2人のCEO

ここで、仮説の設定と検証の能力が、2人のCEOの明暗を分けた事例を紹介しよう。最近カーシェアリングが日本でも普及してきているが、カーシェアリングというビジネスが米国において成り立つのかどうか、壮大な実験を行った人たちがいる。ジップカーという会社の話だ。

環境問題に高い意識を持ち、アメリカ社会を変えたいと思っていたロビン・チェイスという女性起業家が、カーシェアリングに着目し、2000年にジップカーを立ち上げる。都市部においては、ひとり1台ずつ車を保有する必要はない。複数の人で共有することで、環境に優しい社会を実現できると考えたのだ。

彼女は夫のロイ・ラッセルをCTO（最高技術責任者）として巻き込み、インターネットを利用して車の予約や清算が簡単にできる、利便性の高いサービスを完成させた。アーリーアダプターからは高い評価を得ることができ、事業の将来性に関するチェイスたちの希望は膨らんだ。

また、環境問題に高い関心を持つ都会の若者の間で話題を広めようと、ニュースレターを発行し、ジップカーの社会的役割を強調したり、仲間意識を高めるための夕食会を開催したりした。チェイスは自分のミッションに共感してくれる人たちを集め、自らの描くストーリーに参加してもらおうと考えたのだ。そのため、車種にはエコの象徴であるライムグリーンのフォルクスワーゲン・ビートルが選ばれた。

ジップカーが行き詰まったのはなぜか

ジップカーはボストン、ワシントンDC、ニューヨークの3つの街で事業を展開した。ところが、事業の成長は当初予想したほど芳しくなく、3年後には会員数6000名、車の保有台数130台で頭打ちになった。そして、事業を黒字化する見通しが立たないまま、ついに資金が底をついてしまった。

それでもチェイスは希望を捨てず、仲間づくりの活動を続けていけば、必ず採算が取れるようになると主張した。しかし、取締役会は彼女を解任することを決定し、その後スコット・グリフィスが新たなCEOとして選任されることになった。

さて、ここで次のエクササイズに取り組んでみてもらいたい。

Exercise 6-4

あなたが新しいCEOのグリフィスだとして、
何をすればジップカーを
成長させられると思いますか？
また、取締役会が
チェイスを続投させなかった
理由についても
考えてみましょう。

グリフィスが新しいCEOとして着任した当時、社内には会員を増やすためのさまざまなアイデアがあった。広告やCMを打つ、割引キャンペーンを実施する、環境をアピールするためのイベントを行う、フリーペーパーで特集を組む、ショッピングセンターに加入ブースを設けるなど、アイデアは尽きなかった。しかし、グリフィスはそれらのアイデアを実施に移すことはいったん取りやめた。

その代わりに、彼はある調査を行った。それは、ジップカーのことは知っているが、会員にならないことを決めた人たちを集めて、その理由を聞くというものだ。そこからわかってきたのは、車までの距離が遠いことが、会員になることを阻んでいるということだった。いくら環境に優しいとはいっても、家から一番近い車でも10ブロック以上先にある、車を借りるのに30分もかかる、といったことでは会員を増やせないことが明らかになったのだ。

「会員にならなかった人たち」を探る

ここからわかるのは、グリフィスはチェイスたちがやったことを、ひとつの実験とみなしたということだ。実験であるからには、その前提として検証すべき仮説があったはずだ。それは、「インターネットを使った利便性の高いサービスを提供すれば、十分な数の会員を集められる」というものだ。

ところが、残念ながらこの仮説は一部棄却されてしまった。実験の結果、確かにサービス自体の利便性は裏づけられたが、十分な会員数は集まらなかった。ということは、サービスが良くても会員になることを阻む、何かボトルネックになっている要素があることになる。

グリフィスはここに着目し、「ジップカーのことは知っているが、会員にならないことを決めた人たち」を集めて、その理由を聞けば、このボトルネックを効果的に知ることができると考えたのだ。ここで注目すべきは、グリフィスが誰彼となく意見を聞いて回るようなことをしなかったことだ。そんなことをしても、情報量こそ増えるが、何が本当の解決策なのかは、かえってわからなくなってしまう。仮説の中で、何が検証され、何が検証されなかったのかに着目することで、真の原因を短時間でつかむことが可能になったのである。

頭になかった答えを導き出す

ところが、グリフィスはここでジレンマに直面することになる。そもそも採算が取れないために車の台数を増やせずにいるのに、どうして車までの距離を縮めることが可能なのだろうか。このジレンマを解決するために悶々としているとき、突然グリフィスの目の前にエスキモーが浮かび上がった。問題解決の鍵は「密度」にあることに気づいたのだ。

つまり、ジップカーがターゲットとする市場のスイートスポットは、環境に対する意識が高く、インターネットを使い慣れていて、都市部に住んでいる若者である。こうした人たちが集中して住んでいる地域がある。そこに特化して車の密度を上げれば、会員数を増やしつつ採算が取れるはずだ。そうした仮説が、グリフィスの脳裏にひらめいたのだ。

仮説が具体的であれば、その検証法は自ずから浮かび上がってくる。グリフィスは環境、インターネット、若者というキーワードが当てはまる都市部の数カ所を選び、集中的に車を配置するという実験をデザインし、実行した。その結果、家から車までの平均時間が5分に短縮されると、会員が急増する傾向があることがわかってきた。

つまり、グリフィスはこの事業の成功要因を発見したのである。

この5分の距離という成功要因は、実験をしてみなければわからない。なぜなら、それは方程式を解けば出てくるものではなく、人の体の反応を見てみないことにはわからないものだからだ。逆にいえば、簡単にはわからないからこそ成功要因になるのだ。

また、この実験を実施した地域では、21歳以上の人口の10～13%が会員になった。つまり、この事業が成功するという証拠（エビデンス）を手に入れるとともに、ターゲットとすべき市場シェアが見えたのである。ここからわかるように、仮説を立て、実験を通じて検証してみることで見えてくることは多い。

グリフィスはここでもうひとつ調査をデザインする。それは、環境、インターネット、若者というキーワードが当てはまる地域を全米から洗い出すというものだ。この調査を実施した結果、全米の15の大都市と、150の大学がスイートスポットであることがわかってきた。そこから、「15の大都市で人口の5%を会員にできるとすれば、売上高1000億円ぐらいの事業になる」という結論を引っ張り出した。これがグリフィスが導き出したジップカーの潜在的事業規模である。

この結論は、グリフィスの頭の中にあったものをポッと取り出してきたものではない。ジップカーの事業としてのポテンシャルを知ることは、グリフィスの器を超えた問題であった。しかし、仮説を立て、調査や実験をデザインし、そこから発見を引っ張り出すことで、成功要因やスイートスポットを特定し、頭の中になかった結論をたぐり寄せることに成功したのである。

シリコンバレーの投資家は、何に投資するのか

この話の中に登場するふたりのCEOの違いが、この仮説の設定と検証の能力にあったことはいうまでもないだろう。チェイスは自分の作戦がうまくいかなかったとき、その原因や解決策について仮説を示すことができなかった。

取締役会にとってこれが一番困る。なぜなら、仮説がなければ検証することもできず、その人がCEOに就いている限り、事業の成長は期待できないという結論になってしまうからだ。これが取締役会がチェイスを解任した理由である。

一方、グリフィスは仮説の設定と検証に長けた人だったことがわかる。それが事業のポテンシャルを目利きする力につながっている。これこそ投資家がビジネスリーダーに最も期待するものだ。仮説設定・検証力は、生き残るCEOと去り行くCEOを分けるほど重要なものなのである。

さて、グーグルやアップルの本拠地であるシリコンバレーでは、日夜実験を通じた仮説の検証が繰り返されている。起業家は、まず新しい事業プランを構想する。その中で、まだ生まれていない市場構造・事業構造・収益構造について仮説を立てる。そこで、ベンチャーキャピタルから投資資金を引っ張るのだが、ここで、投資家が資金を出すかどうかを、どのように判断しているのかについて考えてもらおう。

Exercise 6-5

ベンチャーキャピタルは、
起業家の事業プランに対して資金を出すべきかどうか、
何に基づき判断しているのでしょうか?
過去に実績のない起業家が、
まだ市場も存在していない新規事業に
取り組んでいるケースをイメージしてみてください。

どのような解答になっただろうか。

想定市場規模、成長性、収益性、実行可能性などを挙げた人は注意が必要だ。これらの指標はすでに存在する事業に関しては意味を持つが、まだ市場も存在していない事業に関してこれらを見積もってみても、参考指標にはなれども、判断の拠り所にはならないだろう。

それでは起業家の人間性はどうだろうか。確かにその人物が約束を守れる人かどうかは、資金を提供する上で重要になる。しかし、それだけでは十分でない。構想力や実行力などは参考になるだろうが、それをどう評価すればいいのだろうか。

実際に多くのベンチャーキャピタルが判断の拠り所にしているのは、そのアイデアが検証可能かどうかである。そのアイデアを検証する方法があれば、それに必要となる費用を見積もることができる。そして、それを上回るに十分な期待リターンがあると判断できれば、投資対象になりうるのだ。

逆に起業家の方は、仮に5000万円の資金を引っ張れたとしたら、何回実験が可能なのかを考える。例えば1回の実験に500万円かかるとすれば、計10回の実験ができることになる。その10回の機会を最大限に有効活用しようとすれば、どのような仮説をどの順番で検証していくのがいいのか。そのためにどのような実験をデザインすべきかを具体化する。そして、10回の実験を通じて仮説の一部が検証されたり、新たな事実が発見され、仮説がバージョンアップされれば、それを投資家に提示し、第2弾の資金を引っ張ることができるようになる。

ここからいえるのは、起業家にとって最も重要なのは仮説設定・検証力だということだ。ジップカーでグリフィスがやったことを思い起こしてもらえれば、仮説の設定と検証が効果的であるほど、最短の時間とコストで、事業の成功要因やポテンシャルを割り出せることがわかるだろう。

「何もしていない」と思われる恐怖と対峙する

また、仮説設定・検証力は、起業家だけにとどまらず、多くのビジネスリーダーにとっても必要なものである。というのは、ビジネスリーダーは人や金といった経営資源を動かす立場にある。このため、仮説を検証し、エビデンスの得られた策だけを実行に移す必要がある。

ここでよくやってしまう誤りは、エビデンスが取れていないにも関わらず部隊を動かしてしまうというパターンだ。何かをしていないと不安だから、成算もなく部隊を動かしてしまう人がいる。その結果、「ここ掘れワンワン」とはいってみたものの、何も出てこないという状況に直面する。こうなるとビジネスリーダーとしての鼎《かなえ》の軽重を問われることになりかねない。

勝ち残るビジネスリーダーは、これとは逆のことをやる。つまり、エビデンスが得られなければ部隊を動かさないのだ。そうすると、何もしていないと思われる恐怖と対峙しなければならなくなる。それが無意識の世界を活性化させるのだ。そして、市場の中を歩き回り、会ったことのない人に会いにいくことになる。それが頭に思い浮かぶ仮説の数を増やすことにつながる。

また、勝ち残るビジネスリーダーは、いったん仮説が検証され、成功要因を解明できたら、今度はそれを徹底的に横展開しようとする。それによって、第一印象で感じた事業規模の10倍ぐらいの価値を刈り取れることが多い。仮説設定・検証力を高めることで、こうしたメリハリのある動き方が可能になるのだ。

STEP 6

まとめ

仮説を立て検証できるようになるために、
次のトレーニングに取り組んでみましょう。

◎市場や顧客を観察する

◎何か気になったことが出てきたら、
そこから仮説を導き出す。
その際、5W1Hを具体的に特定する

◎仮説を検証するための実験や調査のデザインを考える

◎検証する方法が思い浮かばないときは、
まだ仮説が具体化されていないことを意味するため、
仮説をさらに絞り込む

◎実験や調査を実施し、仮説を検証してみる

STEP 7

Larry Page & Sergey Brin
Son Masayoshi
Steve Jobs
Jeffrey Bezos
Philip Kotler
Suzuki Toshifumi
Andrew Grove
Louis Gerstner
Lee Kuan Yew
Matsushita Konosuke

4人の天才たちの教え

情報革命後の世界では、目に見えるもの、過去に経験したこと、すでに常識になっていること、自分の内面などに視野をとどめていると、足元をすくわれることになる。これまで紹介した7人の天才たちは、むしろ果敢に、目に見えないもの、経験したことのない未来、旧来のロジックの通用しない世界、他人の心の内などにイマジネーションを広げ、直観的に新しい世界観を感じ取っていた。彼らのようにモノの見方を変えられるかどうかが、生き残るビジネスパーソンとそれ以外とを分けることになる。

そこで、ステップ1から6では、「見えないものを見る」「自分の器を超えた問題を解く」「未来を創りだす」「常識から自由になる」「人の内面を見る」「仮説を立て検証する」といった一連のトレーニングに取り組んでもらった。そして、イマジネーションや直観力は、観察や仮説の検証を通じて鍛えることができることについて述べてきた。

最後のステップ7では、少し時代をさかのぼり、こうしたモノの見方をすでに獲得した4人の天才たちが、これまでに成し遂げてきた偉業を振り返りつつ、彼らの教えを請うことにしたい。ここで登場願うのは、インテルの可能性を引き出すことに成功したアンドリュー・グローブ、情報通信業界の未来を予測しIBMの再生を成し遂げたルイス・ガースナー、シンガポールという島を世界経済のハブにまで押し上げたリー・クアンユー、「経営の神様」といわれた松下幸之助の4人だ。

アンドリュー・グローブの教え
「事業の見方を変えれば、違った可能性が見えてくる」

インテルの歴史は3つの時代に分けられる。第一期は1968年から85年までの「メモリ企業」の時代、第二期は85年から98年までの「マイクロプロセッサ企業」の時代、第三期は98年から始まった「インターネット関連企業」の時代である。メモリとマイクロプロセッサは、いずれもコンピュータの中核的な構成要素で、それぞれ記憶装置と演算装置を意味する。この中で、アンドリュー・グローブは第二期のCEOを務めた。グローブは全米で最も優れた経営者のひとりともいわれる。それは、この第二期において、インテルがパソコンのプラットフォームを支配する企業として飛躍する可能性を見出したからだ。

インテルは元々、MOSプロセス技術や製造技術を成功要因として、メモリ事業を他社に先駆け成功させた。ここでグローブは集積度や歩留まりを高める上で大きな貢献をする。ところが、70年代に入ると、半導体製造装置の開発投資に巨額の資金がかかるようになり、製造技術における強みが、ニコンやアプライド・マテリアルズ社のような半導体製造装置メーカーに移っていった。マイケル・ポーターの5F（ファイブフォース）に沿っていえば、上流のサプライヤーにパワーシフトが起こったわけだ。

こうした環境変化は、インテルを窮地に追い込むことになる。製造装置を買うことで強みを獲得した日本の半導体メーカーが、急速にメモリ事業において台頭していったのだ。いち早く成功要因を確立した企業であっても、環境変化から無傷でいることはできないということだ。

ここに至って、インテルはメモリ事業からの撤退を決断する。メモリを成功させた立役者のひとりでもあるグローブにとって、それは断腸の思いであった。いかに天才グローブといえども、過去の成功体験から脱却することは容易なことではなかった。それは次の言葉からわかる。

「生死を賭けた土壇場になってはじめて、目の前の現実が、長年信奉してきた信条を打ち破るに至った」

ここでインテルにとって幸いだったのは、マイクロプロセッサがメモリに代わる主力製品として、社内で頭角を現しつつあったことだ。マイクロプロセッサでは、製造技術ではなく、回路設計技術やマーケティング力が成功要因になる。マーケティング力が重要になるのは、顧客であるセットメーカーとともに多様な用途を開発する必要があるからだ。このため、装置メーカーと日本の半導体メーカーに奪われた覇権を奪回できる可能性があった。

ただ、この時点では、まだマイクロプロセッサの用途として、パソコンが爆発的な成長を遂げる姿までは見えていなかった。オフィス用システムから産業機械に至るまで50種類以上の用途をリストアップした際に、パソコンは含まれていなかったという。

このため、パソコン用のOSを開発したキルダール社が、それを売り込みに来たときに断ってしまう。仮にこのときにキルダール社を買収していれば、インテルとマイクロソフトが合体したような企業が生まれていたかもしれない。

このように、事業発展の可能性をどう見るかによって、買収の持ち込み案件があったときに、その見え方が変わってくることがわかる。仮にパソコンがマイクロプロセッサの重要な用途として見えていたら、キルダール社が将来10兆円以上の事業価値を生む可能性があったことも見えていたかもしれない。

その後、アップルⅡの成功は、マイクロプロセッサをベースにしたパソコン時代の到来を告げた。これに対抗してIBMもインテルのマイクロプロセッサをベースにしたパソコンを投入する。

この時点で、グローブはパソコンの成長に賭ける選択を行う。そして、数世代先までのマイクロプロセッサの開発ロードマップを描き、パソコン企業に代わってPCの世代交替をリードするようになっていった。また、マイクロプロセッサの世代が替わっても、古いソフトウェアを利用し続けられるように世代間の互換性を確保することで、独占企業への道が開けることを発見する。

互換性があれば便利になる。するとインテルのプロセッサを選択するユーザーが増える。このため、インテルのプロセッサ用に書かれるソフトウェアがさらに増える。そしてまたインテルのプロセッサが売れるという、雪だるま効果が働くことに気づいたのだ。

さらにグローブは、自社を単なるマイクロプロセッサのサプライヤーとして見るのでなく、パソコンのアーキテクチャを創造する企業として見る世界観があることも発見する。ここで、エクササイズに取り組んでもらおう。

Exercise 7-1

インテルをマイクロプロセッサの
サプライヤーとして見た場合、
成功要因は先ほど述べたように、
回路設計技術や
マーケティング力になります。

しかし、
パソコンのアーキテクチャを
創造する企業としてみると、
それとは違った成功要因が
浮かび上がります。
グローブはどのような成功要因を
見出したのでしょうか？

Andrew Grove
1936-

パソコンのアーキテクチャを創造するためには、プロセッサにとどまらず、パソコンのシステム全体としてのパフォーマンスを高める力が必要になり、そのための研究開発力が成功要因になる。それは、マイクロプロセッサのサプライヤーに求められる、回路設計技術やマーケティング力などの成功要因とは、異次元のものだ。しかし、収益性の薄いパソコンメーカーには、そうした投資を行う資力がなかった。そこに真空地帯があることをグローブは発見したのだ。

そこで、インテルがパソコンメーカーに代わって、パソコンのプラットフォームに関する研究開発を行う、インテル・アーキテクチャ・ラボを立ち上げる。そこではプロセッサのパフォーマンスを引き出すために、ソフトウェアの基盤技術の開発にまで取り組んだ。そのために、千人単位のソフトウェア・エンジニアを雇うことになる。従来の半導体メーカーとしてのモノの見方からは、ソフトウェア・エンジニアを千人単位で雇うことなど、選択肢としても見えていなかっただろう。

インテルはこうした投資から得られた成果を、自社のチップセットやマザーボードの中に盛り込んだ。それによって、中小企業でも簡単にパソコン事業を立ち上げられるようになり、多くの顧客が新たに誕生した。その結果、従来からの顧客であったIBMやコンパックの購買力を弱めることに成功したのだ。ポーター流にいえば、川下のパソコンメーカーからインテルへのパワーシフトを起こしたということになる。

このような形で、グローブは次々とエスキモーを発見し、環境に支配される企業から、環境を支配する企業へとインテルを脱皮させていった。

グローブは、「パラノイアだけが生き残る」という有名な言葉を残している。パラノイアとは精神病の一種で、常に不安や妄想に駆られる症状をともなう。環境の変化に対して過敏になり、不安を感じ続けることが生き残る条件だとグローブはいっているのだ。

新しい刺激を取り込み続けることで、無意識の世界が活性化し、そこからある日突然新しい世界観が浮かび上がる脳の構造を、グローブ流に表現したものといえるかもしれない。

グローブの経験から学べることとは、自社をどう見るかによって、ビジネスチャンスの見え方が変わってくるということだ。「自社は半導体製品のサプライヤーであり、その用途は50種類ぐらいある」というモノの見方からは、キルダール社の買収案件から見えるビジネスチャンスはせいぜい数十億円だっただろう。

ところが、「自社はパソコンのプラットフォームを創造する企業である」という見方をすると、途端に10兆円以上のポテンシャルが見えてくることになる（マイクロソフトの時価総額は約40兆円）。半導体製品のサプライヤーという器を超えてインテルの可能性を捉えたことが、その後の飛躍的な成長を可能にした。グローブが全米で最高の経営者のひとりといわれる所以はここにある。

Exercise 7-2

あなたの所属している会社をどのように定義することができますか？複数の可能性を考えてみてください。会社の見方を変えることで、ビジネスチャンスの見え方がどう変わるのか考えてみましょう。

ルイス・ガースナーの教え「業界全体の変化に賭けろ」

ガースナーは、マッキンゼー、アメリカン・エキスプレス、ＲＪＲナビスコ会長兼ＣＥＯを経て、１９９３年に倒産の瀬戸際にあったＩＢＭにＣＥＯとして就任した。これをＩＢＭの側から見れば、はじめて外部から登用されたトップ、つまり〝素人〟ということになる。

ＩＢＭはオープン化とダウンサイジングという、コンピュータ業界の環境変化に乗り遅れ、シリコンバレーを中心とした西海岸の起業家たちに、事業領域を侵略されていた。その結果、１９９１～93年にかけて累積で1兆５０００億円を超える赤字を計上することになる。ＩＢＭは経営環境が根本的に変わる中で、新しい戦い方を習得できていなかったのである。

ガースナーはこうした環境変化の背景にある力を見極め、その先に続く業界全体の将来像を解明した。それが現在、我々が「クラウドサービスの時代」と呼ぶ世界観である。それを解明したことが、ＩＢＭの復活を可能にした。つまり、玄人であるが故に見えなかった世界、あるいは見たくなかった世界を、素人のガースナーが解明したのである。ガースナーが当時考えていたことの多くは、実際これまでに実現してきている。

モバイル端末の普及によりパソコンの売上が下がり出す、クラウドサービスが商取引や人の関わり方を変える、企業が水や電力を買うのと同じように情報サービスを買うようになる、国家の利益と市民の利益が衝突する時代が来るなどだ。いや、スティーブ・ジョブズと同じように、「未来を自ら創りだす」ことによって、自らの予測を実現したといえるのかもしれない。

こうした新しい業界構造は、アップルやグーグルの台頭を促し、日本のエレクトロニクスメーカーに苦境をもたらすことになった。また、アマゾンのようなＥＣサイトや、ＬＩＮＥのようなアプリの普及により、小売業や電話会社などにも大きな変化をもたらしつつある。

ガースナーはＩＢＭの再生にあたって、ふたつの大きな賭けに出る。ひとつは業界全体の方向性に関する賭けであり、もうひとつはＩＢＭ自身の戦略に関する賭けだ。

前者については、先ほど述べたクラウド・コンピューティングの台頭である。あらゆる機器が端末としてネットワークにつながる。そして、クラウド（雲）の向こう側にある強力なコンピュータや、多様なソフトウェアを自由に利用できるようになる。その結果、端末の価値は低下する一方、データをやり取りするネットワークの価値が高まる。

こうした予想は当たり、テレビ番組、映画、音楽、ゲーム、電話など、これまで独自の媒体と専用のハードウェアを通じて消費されていたコンテンツが、インターネット・プロトコルにより共通フォーマットのデータに落とされ、ｉＰａｄ一枚ですべて楽しめる時代が訪れた。

また、ＩＢＭ自身の戦略に関しては、ミドルウェアとサービスへの大胆な投資に踏み切った。ミドルウェアとはデータの流れや負荷をマネジメントするソフトウェアのことで、ネットワークを介して多くの企業や個人がデータをやりとりするようになれば、ミドルウェアへのニーズが増えると読んだのだ。また、顧客がさまざまなサプライヤーの機器やソフトをネットワークにつなぐようになると、それらを全体的に統合するソリューションやサービスの価値も高まる。

こうした将来像に基づき、ガースナーはＩＢＭの事業構造の再構築に取り組む。当時、「ＩＢＭ分割論」が世の中では常識となっており、多様な製品分野ごとに会社を分割すべきと主張する人が多かった。各分野に専業特化したシリコンバレーの企業と戦うためには、IBMも身軽になる必要があるということだ。ところが、ガースナーはこの「業界の常識」に対して、最初から懐疑的だった。それではここでまた、エクササイズに取り組んでもらおう。

Exercise 7-3

ガースナーはなぜ業界の常識に反して、IBMを分割すべきでないと考えたのでしょうか？

＊ヒント
ガースナーの経歴の中に手がかりがあります。

Louis Gerstner
1942-

専業メーカーがもう1社増えることを、本当に顧客が求めているのだろうか。顧客が求めているのは、複雑化していく情報技術を整理し、ソリューションやサービスとして提供してくれる企業ではないだろうか。そのためには、多様な分野のエンジニアが必要になる。ＩＢＭは、そうした顧客が必要とするものをすでに持っている。その強みを分割してしまって、本当にＩＢＭは再生できるのだろうか。

ガースナーはアメリカン・エキスプレスというＩＴのヘビーユーザーに身を置いていた。顧客の側からＩＢＭを見たことのあるガースナーには、顧客の内面を感じ取ることができたのだ。

このため、ガースナーは業界の常識に反して、ＩＢＭを総合ＩＴ企業として存続させることを決断する。その上で、自社のミドルウェアをオープン化し、他社製のハードウェアにも対応できるように改めた。

ガースナーのことを「素人」と思っていた社内からは、当然「敵に塩を贈るようなものだ」と反対ののろしが上がる。しかし、ガースナーはそれに怯《ひる》むことなく、「顧客にとって良ければ、他社製品でも勧めるべき」と応じる。ジェフ・ベゾスの先例が、すでにここにあったといえよう。

また、ロータス・ディベロプメントを買収し、多数のユーザーの共同作業を支援するミドルウェア「ノーツ」を手に入れる。それらと並行して、サービス事業を全世界で一元化し、グローバル企業のニーズに応えられる体制を確立した。

その一方で、アプリケーション・ソフトについては、これまた社内の反対を押し切り撤退するという決断を下している。SAPなどのアプリケーション・ソフトの大手企業とは、競争するより協力した方が得策というわけだ。

このような形で、ガースナーはIBMの垂直統合型のビジネスモデルは一応維持しながらも、ミドルウェアとサービスに関しては業界横断的な水平型ビジネスモデルを確立した。アップルの、ある方向から見ると垂直統合型で、別の方向から見ると水平型に見えるビジネスモデルの先例がここに見られる。

ガースナーは情報革命という数百年に一度の大波に直撃されながら、その先に生まれる業界全体の未来を正確に予想した。その中で、サービスやミドルウェアに価値がシフトしていくことを見出し、そこに賭ける形でIBMの事業構造をつくり直す。それがその後のIBMの再生を可能にした。仮にガースナーが自社の中だけを見ていたり、過去の常識に囚われていたら、IBMは情報革命によって消えていった企業として名を連ねていたかもしれない。

環境が大きく変わるときは、自社だけを見ていても解決策は見えてこない。暗黙のうちに前提条件とみなしている業界の構造自体が、この先どう変わっていくのか。そこに視野を広げることで、はじめて解決策が浮かび上がってくることがわかる。

Exercise 7-4

あなたの関係している業界の構造が、情報革命によってこの先どのように変わっていくのか考えてみましょう。その中で、価値がどこにシフトし、どこに新しい価値が生まれてくるのかについて考えてください。

リー・クアンユーの教え「志を持てば人気取りは必要ない」

次に紹介する天才は、「シンガポールの哲人」と呼ばれたリー・クアンユーである。まさかこの章を書いている最中にリー・クアンユーが他界することになるとは思ってもいなかった。

リー・クアンユーはシンガポールの初代首相である。１９６５年にマレーシアから追放される形で独立して以降、東南アジアの中心、マラッカ海峡の交通の要衝としての立地を生かし、シンガポールを世界経済のハブにまで押し上げた。いまやシンガポールの一人当たりＧＤＰは、日本を上回るまでになっている。

それだけではない。華僑人脈を駆使し、世界中の情報に通じるとともに、独自の洞察力を持つことから、各国の政治家がリー・クアンユーにアドバイスを求めてきた。古くはリチャード・ニクソンやヘンリー・キッシンジャーが中国との国交を正常化した時期から、最近のバラク・オバマ大統領に至るまで、リー・クアンユーに会うためにシンガポールを訪れてきた各国政治家は少なくない。

独立当初は、天然資源どころか水すらも十分にない島国を預かり、リー・クアンユーは不眠症で倒れ込むこともあったという。しかし、その後、「他の国が必要とする国になる」「我々にあるのは戦略的な立地条件と、それを生かすことのできる国民だけだ」というモノの見方に至り、次々と施策を具現化していく。

1950～60年代は、国民の貯蓄促進と住宅開発に注力する。リー・クアンユーは、他の国が必要とする国になるためには、まず国民一人ひとりが自立し、社会的責任を担える健全な精神を養うことが重要だと考えた。そのためには安定した生活基盤が必要であり、給与から一定割合を国が天引きし、強制的に貯蓄させる制度を導入した。

リー・クアンユーは、こうした形で強制的な施策を実行に移すことから、国民からの人気は必ずしも高くない。しかし、それによって、国民の資産は自然に形成されていくこととなった。また、国が良質な住宅を大量に供給し、多くの国民が貯まったお金を頭金にマイホームを持てるようにした。そして、子供の世代に依存しなくても生活していける社会環境を実現したのだ。

70～80年代に入ると、今度は教育政策に注力するようになる。まずは「正しい中国語を話そうキャンペーン」を、次いで「正しい英語を話そうキャンペーン」を立て続けに打っていった。

シンガポールの戦略的立地条件を生かそうとすれば、グローバルに事業展開する企業のアジア拠点を誘致することが最も効果が高い。そのために、最初は華僑系の企業を、次には欧米の企業をターゲットとし、国民のエンプロイヤビリティを高めようとしたのだ。

また、多くの企業を誘致し、経済が活性化すると、今度は交通渋滞に悩まされるようになる。そこで、シンガポールは60年代に大量輸送計画を立案し、道路交通網を整備するとともに、都心部にはエリア・ライセンシング・スキームを導入し、ライセンスを購入した車しか入れないようにした。このため、車を所有するためのコストは跳ね上がったが、渋滞のない都市を実現することに成功した。

こうした政策のおかげで、シンガポールのチャンギ空港に着いてから都心部のオフィスまで約30分という状態が実現している。また、英語を話せる人材を簡単に採用できる。これが、多くのグローバル企業がシンガポールにアジア本社を置く理由になっている。

また、90年代に入ると、60年代に建てた住宅が老朽化してきたことから、包括的地域再開発プランを導入し、リノベーションを促進している。日本では住民の利害が一致せず、地域再生がなかなか進まないことが多い。しかし、シンガポールは評判こそ良くないが、強制的な政策によって推進していくため、結果的に国民の生活水準と資産価値の維持向上につながっていった。

そして、これと並行して地域づくり委員会を設置し、住民の自治による地域運営を進めていく。悪名高いチューインガム禁止令が導入されたのもこのころだ。

さらに、2000年代に入ると、セントーサやマリーナ・サンズに代表されるような総合リゾート開発に乗り出す。これは、経済力を付けたアジアの観光客や富裕層をシンガポールに呼び込むとともに、グローバル企業のビジネスパーソンからも選ばれる地にしようという意図がある。いまや街にも楽しさがなければ、企業から選ばれない時代になってきている。

リー・クアンユーが国民の資産形成や生活水準向上、教育や自治の問題に注力したのは、先にも述べたように、社会的責任を担える国民をつくることが、「他の国が必要とする国になる」ための必要条件と考えたからだ。

リー・クアンユーは、経済やビジネスにとって「信用」が最も重要なものであることを知っていた。他の国から必要とされる国になるためには、信用されるに足る国民がいなければならない。それは次の発言からも伝わってくる。

「周辺国の制度がクリーンでなかったので、わが国は制度をクリーンにした。周辺国の法治制度は不安定だったが、わが国の法治制度はゆるぎなかった。いったんわが国で合意や意思決定がなされたら、必ずそれを守る体制をつくったのだ。おかげで、わが国は投資家にとって信用できる投資先になった」

いまやビジネス界は、事業機会や人材を世界中から調達できる時代になった。信用できる自立した国民・国家をつくることで、資源のない国でも技術や資金、情報を惹きつけ、競争力をつけることが可能になったのだ。

その一方で、外資系企業に門戸を開こうとすると、保護主義の動きが出てくるのも世の常である。ところが、リー・クアンユーは国民を目先の保護主義には走らせず、常に世界規模の人材交流の中に飛び込み、競争力を付けるよう促した。

「わが国は国粋主義になろうとする傾向に抵抗する必要がある。考え方も行動も国際的にならなければいけないのだ。外国に行かせたり、外国人と交流させたりして、世界レベルに追いつくように、わが国の人材を育てる必要がある。」

資源もない国が生き残るためには、現状に安住していてはいけない。絶えず革新と起業家精神を持ち続けることが重要だ。そのためには視野を世界に開き、世界中の人材と切磋琢磨することが必要だということだ。それができれば、激しく変化していく情報革命後の時代を、逆にチャンスと見ることができるようになる。リー・クアンユーの好きな言葉は「サバイバル」だという。

リー・クアンユーはシンガポールという島国の無限の可能性を見出した人物といえるだろう。それを可能にしたのは、常識に縛られない彼の自由なモノの見方である。シンガポール建国当時主流だった理論は、外国企業に門戸を開くと、安い労働力や安い原材料を搾取され、国が干上がるというものだった。

しかし、リー・クアンユーはそうした理論で動く人物ではなかった。そうではなく、自問するのだ。「どうすればこれをうまく機能させられるのか」と。そして、いろいろ仮説を立てて試した末に、検証されたことだけを実施に移した。その上で、ある方法がうまくいくとわかった後に、その方法の根底にある原理は何かを突き止めようとしたのだ。

これが、リー・クアンユーが「本当のようなウソ」に騙されず、シンガポールの哲人とまで呼ばれるようになった理由である。セブン&アイ・ホールディングスの鈴木会長と通じるものがある。

こうしたわけで、リー・クアンユーは多くの人が礼賛する民主主義に対しても懐疑的な目を向けてきた。それではここで、エクササイズをやってもらおう。

Exercise 7-5

民主主義の功罪について考えてみてください。
リー・クアンユーはなぜ民主主義に対して懐疑的だったのでしょうか？

リー・クアンユーは、絶対的な善などないと考えていたようだ。物事には必ず正の面と負の面がある。絶対的に正しいことを探そうとするより、物事の陰陽を正しく理解し、賢く利用することが政治的な成果につながると考えていた。

「個人は本当に平等なのか？」「大衆は感情で動く。その結果、統制がとれなくなることがある」。こうした認識から、「国家の発展には民主主義より規律が必要だ」といってはばからない。このため、教育に注力する一方で、「罰金国家」と揶揄《やゆ》されるまでに規律を浸透させた。

民主主義が国家の発展を阻害する例としては、「アラブの春」の後に起こったことを見れば十分だろう。アラブの春は、当時西側諸国からは「自由の勝利」として祝福された。しかし、その後に起こっている混乱を見ると、それが単なる生みの苦しみなどではないことがわかる。

国家が崩壊し、秩序が失われると、途端に派閥争いが激化し、混乱と暴力が支配するようになった。アラブの春以降、中東や北アフリカにおける暴力は10倍になったという報告もある。国家から個人にパワーがシフトし、公私混同が始まると社会は大混乱する。リー・クアンユーはこうした人間の本性を冷静に見抜いていたのだ。

私自身、欧米人がシンガポールに赴任した当初、リー・クアンユーに対して独裁的だと批判していたのが、いつの間にやら彼を偉大な人物として礼賛するようになる姿を見てきた。リー・クアンユーもジェフ・ベゾスやスティーブ・ジョブズのように、社会とぶつかりながら、周りのモノの見方を変える力があったということだ。

リー・クアンユーは、民主主義が成り立つかどうかは、「個人の最大の自由が、他の人の自由とともに、社会の中で共存できるかどうかだ」といっている。個人主義や自由競争が行き過ぎると混乱が生じ、社会全体が病んでしまう。いくら理念がすばらしくても、国民がそれについていけなくなれば国は滅びる。そのため、社会の秩序を守るために、リーダーに指導力が求められることを説いている。

「儒教思想の根底にあるのは、上に立つものは大衆の利益を知り、個人の利益よりも社会の利益を優先させるということだ。これは個人の利益を優先させるアメリカの原則とは異なる」

ただ、そう発言する一方で、シンガポール国民にアメリカの自立心、進取の精神を見習うよう指導することも忘れていない。リー・クアンユーにも、この本で紹介した多くの天才たちに共通する「両面性」が見て取れる。それは彼の考えによれば、そもそも人間自身が両面性をもつ生き物だからだ。

「私が学んだことは何か。それは人間や人間社会のもつ両面性だ。向上する可能性もある反面、後退や崩壊の怖れが常につきまとう。文明社会がいかに脆弱か、私は知っている」

リー・クアンユーはこうした人間観に基づき、必要と考えれば不人気な政策を打つことをいとわない。「志を持てば人気取りは必要ない」とまでいい切っている。その一方で、決して無理はしない。一足飛びに理念を実現しようとするのではなく、時間をかけて環境づくりをしていくことを怠らない。

「要は急がば回れだ。過去につちかってきた習慣や既得権を捨てたがる人はいない。ただ、一国として存続するには、ある種の特色、共通の国民性をもつ必要がある。圧力をかけると問題にぶつかる。だが、優しく、少しずつ働きかければ、同化はせずとも、やがて融合するのがものの道理だ」

人間の内面をよく理解しているがゆえに、成果を焦らず、多くの人がついていけるスピードで変革を実行していくのだ。派手さはないが、後から振り返ってみると、着実に成果をあげてきたことがわかる。リー・クアンユーの首相退任時の次の言葉に、彼の思いがこめられているといえるだろう。

「いえることはシンガポールを立派な国にしようとベストを尽くしたということだけだ。人々がそれをどう評価するかは自由だ」

Exercise 7-6

リー・クアンユーが
今の日本の首相だったとしたら、
将来の日本の可能性をどのように見るでしょうか？
日本が他の国から必要とされるために、
彼が何を実行するか考えてみましょう。
また、その際に、日本の強みになるものは
何でしょうか？

松下幸之助の教え
「常に難しい方の道を選べ」

最後に登場するのは、「経営の神様」と呼ばれた松下幸之助だ。情報革命後の世界について話しているのに、松下幸之助は少し古すぎるのではないかと思う人もいるかもしれない。実際、幸之助さんは電気、物理、化学といった産業革命の時代の原理に基づき事業を成長させた人だ。しかし、それだけであれば「神様」と呼ばれる存在にはならなかっただろう。

イー・アクセス（現在のワイモバイル）の創業者である千本倖夫氏は、1989年に亡くなる直前の幸之助さんに会ったという。「自分はパナソニック社以外の人で幸之助さんと会った最後の人ではないか」と話をされていた。

千本氏は日本の通信自由化に大きく貢献した人だ。NTT出身ではあるが、その後京セラの稲盛和夫氏と共同でDDI（現在のKDDI）を立上げ、NTTに対抗できる勢力をつくりあげた。その後、インターネットの時代になってからは、イー・アクセス、イー・モバイルを創業し、日本でも有数の起業家と呼ばれるに至った人物だ。

その千本氏が幸之助さんと会ったのは、通信の自由化が松下電器産業の将来をどのように変えていくのかについて考えていた幸之助さんから呼ばれたからだ。当時幸之助さんは、周囲の人が聞き取れるような声で話すことができない状態にあった。脇に通訳のような役割の人がいて、幸之助さんが小声で話したことを、千本氏に語ってくれたという。

そうした状態の中でも、まだ幸之助さんは松下電器の将来を考え、戦う姿勢を失っていなかったという。幸之助さんが情報革命後の世界を生きていたとしても、きっと成功したのではないかと考える。それがなぜかをこれから述べていきたい。

幸之助さんの書いた本の中に、『人を活かす経営』（PHP出版）がある。幸之助さんは数多くの本を残してくれているおかげで、その発想法やモノの見方をいまでも克明にたどることができる。幸之助さんの本は世界中の人に読まれていて、以前韓国で経営者を集めたディナーを開催した際、たまたま私の隣に座ったある企業グループの会長が、「私は幸之助さんの本をすべて読んだ」と興奮気味に話していたのを覚えている。

この『人を活かす経営』を読んでいると、幸之助さんは何か問題に直面したとき、必ず2つの選択肢を用意して解決に当たっていたことがわかる。これははじめて東京に販路をつくろうとしたときの話だ。幸之助さんが夜行電車で毎週のように東京に出てきて、問屋さんを回る。そこで、自分たちがつくった二灯用差込みプラグを見せて、それを取り扱ってもらうようお願いする。

ある問屋さんが値段を聞き、幸之助さんは25銭だと答える。すると、その問屋さんは、「それなら別に高くはない。でも君は東京で初めて売りに出すのだね。それであれば、少しは勉強しなければならないよ。23銭にしたまえ」と求めた。

これに対して幸之助さんは、確かに東京で販路をつくることを急ぐならば、23銭で売った方がいいという問屋のご主人のいうことももっともだと理解する。原価は20銭なので、23銭でも十分な利益は出る。しかし一方で、自分も含め社員たちが一生懸命働いてつくったものだから、簡単に値下げしてしまっていいのかとも考える。さて、ここでエクササイズに取り組んでもらおう。

Exercise 7-7

この後幸之助さんは、
23銭と25銭のいずれを
選んだのか考えてみてください。
また、そう決断した理由について
考えてみましょう。

Matsushita Konosuke
1894-1989

幸之助さんはこのとき、一度は23銭で応じようと考えたものの、自分の中にそうさせない何かが働いて、結局25銭を押し通した。その結果、25銭で買ってくれる問屋もあれば、買ってくれない問屋もあったという。

ところがその後、東京の問屋さん達の集まりで、幸之助さんのことが噂になった。「大阪の松下というところはいい品物をつくる」「確かにそうだ。でも松下はなかなか値を負けない」「そうだ。でも誰に対しても一定の値を通しているようだ。だから買う方としては安心して買える」「他ではもっと安く卸しているのではないかと思うと、安心して買えなくなる」

最初に高い値を示しながら、相手の顔色を見て値引きしていくようなことをすれば、百戦錬磨の問屋さん達から信用されることはなかっただろう。25銭を通すことによって、結局信用を勝ち取ることになったのである。もちろん、幸之助さん自身、こうなると知って25銭を選んだわけではない。言葉では説明できないが、「自分の中にそうさせない何かが働いて」25銭を選んだのだ。

つまり、幸之助さん自身意識はできないものの、無意識の世界に何かが引っかかり、自分でもよくわからないうちに25銭を選択したのだ。それが、その後信用を勝ち取ることにつながる。この『人を活かす経営』を読んでいると、これに似たような場面が何度か現れる。

銀行から「担保を入れればすぐに金を貸す」といわれているにも関わらず、なぜか幸之助さんは無担保で借りることにこだわる。そのために、帳簿をすべて開示し、銀行に松下電器の経営をすべて理解してもらう。それがその後、不況期が訪れたときに、貸し剥がしに会わずに済むこととなった。

ここで、幸之助さんが他の人と違うのは、２つの選択肢のうち、必ず難しい方を選んでいるということだ。23銭に値引きするよりは、25銭を通す方がはるかに難しい。担保を入れてお金を借りるよりも、無担保で借りようとする方が困難をともなう。それにも関わらず、一貫して難しい方の選択肢を選んできている。そして、それが後に、幸之助さん自身も気づいていなかった効果をもたらすことにつながっていった。

このように、幸之助さんは普通の人が歩もうとしない道をあえて選ぶことによって、世の中の真理を解明してきたといえる。世の中に絶対的な真理などあるのかどうかは誰にもわからない。人間が何千年もの間議論を続けてきて、いまだに結論の出ていないテーマだ。

ところが、幸之助さんは、「世の中には正しい道（真理）が必ずある」というところからスタートする。「正しいことを実行していれば、必ず相手にもわかってもらえ、商売が繁盛する。その正しい商売の道を広めることで社会が繁栄する」という風に世の中を見ているのだ。

このため、うまくいかないことがあると、「それは自分が正しい道を発見できていないからだ」と考える。そして、2つの選択肢（つまり代替案）を立て、いずれが正しい道なのかを解明しようとする。その結果、実際に真理を発見してしまうのだ。

普通の人はこの逆をやってしまうことが多い。自分は正しいことをしているという暗黙の前提に立って、「うまくいかないのは環境が悪いからだ」「顧客は何もわかっていない」と考える。このため、うまくいかないやり方を変えようとしない。

2つの選択肢を持つということは、頭の中にある解決策をポッと取り出して実行するのではなく、自分自身もその効果に気づいていないような仮説をあえて立ててみることを意味する。しかし、いま頭の中にない選択肢をたぐり寄せることは簡単ではない。そのために幸之助さんがやってきたことが、「衆知を集める」ことだ。

幸之助さんは元々体が弱く、自分ひとりですべてが成し遂げられるとは考えていなかった。このため、何か問題があると問屋の経営者や社員たちに「僕はこう思うんやけど、あんたはどう考えるんや？」と話しかけ、積極的に対話を行った。先ほどの千本氏の話からも、その姿が窺《うかが》える。これが幸之助さんの無意識の世界を活性化させ、選択肢の幅を広げていたのは間違いないだろう。そして、誰も歩んだことのない、難しい方の道をあえて歩むことによって、それがもたらす効果を発見してきたのだ。幸之助さんも、数多くのエスキモーを発見しながら、パナソニックグループの可能性を引き出したといっていいだろう。

また、「正しい道は必ずある」というスタンスに立ち、迷える多くの経営者たちにアドバイスを与え続け、彼らが正しい道を見出すことを助けてきた。その結果、「経営の神様」と呼ばれるまでになった。いまでも幸之助さんのことを慕う人は多い。

まだ発見されていないだけで、「正しい道は必ずある」というモノの見方は、ジェフ・ベゾスの次の世界観に通じるものがある。

「世の中にはまだ発明されていないものがたくさんある。今後新しく起きることもたくさんある。インターネットがいかに大きな影響をもたらすか、まだ全然わかっておらず、だからすべては始まったばかりなのだ」

情報革命後の世界のように、環境自体が激しく変わる時代だからこそ、幸之助さんの生き方が通用するのではないかと思えてならない。

Exercise 7-8

あなたが最近直面した問題に関して、2つの選択肢を考えてみましょう。

①あなたが取った選択肢の他に、あなたが取らなかった「難しい方の選択肢」を考えてみてください。

②また、仮に難しい方の選択肢を選んでいたとすれば、後にどのような効果がでてきたのかについても想像をめぐらしてみましょう。

Epilogue

情報革命後の世界を生きる

新しいモノの見方を発見するためのさまざまなトレーニングに取り組んできたあなたにとって、次のステップは、あなた自身の新しい世界観を見出すことである。そこで、最終章では、あなたがこれから戦うことになる情報革命後の世界について概観しておきたい。

そのための題材として、私の属するヘイグループが米国フォーチュン誌と共同で実施している「世界で最も賞賛される企業賞」のランキングを見てみよう。これは、世界中の企業から、次のような9つの観点で最も優れた企業を経営者が互選し、年1回ランキングを発表するものだ。

1　有能な人材を惹き付け、維持する能力
2　マネジメントの質
3　社会と環境に対する責任
4　革新性
5　製品あるいはサービスの質
6　経営資源の有効活用
7　財務状態の健全さ

8　長期的な投資価値
9　グローバルな事業展開

フォーチュンというと、「フォーチュン1000」のような企業ランキングを思い出す人も多いだろう。そこで上位に顔を出す企業は、エクソンモービルやウォルマート、シティバンクのような「大きな会社」が多い。これに対して、「世界で最も賞賛される企業賞」では、世界中の経営者が真に「いい会社」と思う企業が上位にランクされる傾向がある。

この「世界で最も賞賛される企業賞」に関して、2006年、2010年、2013年のトップ20の推移を見たものが**図16**である。

2006年はリーマン・ショックが起こる前のもので、ゼネラル・エレクトリック（GE）、プロクター・アンド・ギャンブル（P&G）、ジョンソン・エンド・ジョンソンといった、かつて一世を風靡した企業が上位にランクインしている。この調査は1997年に始まっているが、2006年までの10年間は、これらの企業が常にトップ10入りを果たしていた。こうした企業は電気・物理・機械・化学といった自然科学

図16 「世界で最も賞賛される企業賞」トップ20の推移

No.	2006	2010	2013
1	ゼネラル・エレクトリック	アップル	アップル
2	フェデラルエクスプレス	グーグル	グーグル
3	サウスウエスト航空	バークシャー・ハサウェイ	アマゾン
4	プロクター・アンド・ギャンブル	ジョンソン・エンド・ジョンソン	コカ・コーラ
5	スターバックス	アマゾン	スターバックス
6	ジョンソン・エンド・ジョンソン	プロクター・アンド・ギャンブル	IBM
7	バークシャー・ハサウェイ	トヨタ自動車	サウスウエスト航空
8	デル	ゴールドマン・サックス	バークシャー・ハサウェイ
9	トヨタ自動車	ウォルマート	ウォルト・ディズニー
10	マイクロソフト	コカ・コーラ	フェデラルエクスプレス
11	アップル	マイクロソフト	ゼネラル・エレクトリック
12	ウォルマート	サウスウエスト航空	マクドナルド
13	ユナイテッド・パーセル・サービス	フェデラルエクスプレス	アメリカン・エキスプレス
14	ホーム・デポ	マクドナルド	ビー・エム・ダブリュー
15	ペプシコ	IBM	プロクター・アンド・ギャンブル
16	コストコ・ホールセール	ゼネラル・エレクトリック	ノードストローム
17	アメリカン・エキスプレス	スリーエム	マイクロソフト
18	ゴールドマン・サックス	JPモルガン・チェース	ナイキ
19	IBM	ウォルト・ディズニー	ホールフーズ・マーケット
20	スリーエム	シスコシステムズ	キャタピラー

の分野の知見を強みとし、産業革命が起こした波に乗って成長してきた企業であるといえる。

ところが、リーマン・ショック後の2010年になると、アップル、グーグル、アマゾンといった情報革命の波が生み出した企業がトップ10にランクインしてくる。この時点でも、まだジョンソン&ジョンソンやP&Gはトップ10に踏みとどまり、産業革命と情報革命が拮抗している状況が見て取れる。（図16）

しかし、2013年になると、アップル、グーグル、アマゾンがトップ3を独占し、GEやP&Gは11位以下に後退している。ここに来て、産業革命から情報革命へのメインストリームの交替が起こったことがわかる。

底流にあるトレンドが変わると、ビジネスの前提条件自体が大きく変わっていく。**図17**は、先ほどの企業ランキングを、別の角度から見たものである。ここでグレーの色を付けた企業は、電気・物理・機械・化学といった自然科学の分野の知見を強みとしているのではなく、むしろ「人が何に喜びを感じるのか」を知っている企業であるといえる。アップル、スターバックス、ディズニー、ナイキといった名前を見れば一

図 17 「人に喜びを与えること」で成功した企業

No.	2006	2010	2013
1	ゼネラル・エレクトリック	アップル	アップル
2	フェデラルエクスプレス	グーグル	グーグル
3	サウスウエスト航空	バークシャー・ハサウェイ	アマゾン
4	プロクター・アンド・ギャンブル	ジョンソン・エンド・ジョンソン	コカ・コーラ
5	スターバックス	アマゾン	スターバックス
6	ジョンソン・エンド・ジョンソン	プロクター・アンド・ギャンブル	IBM
7	バークシャー・ハサウェイ	トヨタ自動車	サウスウエスト航空
8	デル	ゴールドマン・サックス	バークシャー・ハサウェイ
9	トヨタ自動車	ウォルマート	ウォルト・ディズニー
10	マイクロソフト	コカ・コーラ	フェデラルエクスプレス
11	アップル	マイクロソフト	ゼネラル・エレクトリック
12	ウォルマート	サウスウエスト航空	マクドナルド
13	ユナイテッド・パーセル・サービス	フェデラルエクスプレス	アメリカン・エキスプレス
14	ホーム・デポ	マクドナルド	ビー・エム・ダブリュー
15	ペプシコ	IBM	プロクター・アンド・ギャンブル
16	コストコ・ホールセール	ゼネラル・エレクトリック	ノードストローム
17	アメリカン・エキスプレス	スリーエム	マイクロソフト
18	ゴールドマン・サックス	JP モルガン・チェース	ナイキ
19	IBM	ウォルト・ディズニー	ホールフーズ・マーケット
20	スリーエム	シスコシステムズ	キャタピラー

目瞭然だ。アップルのiPhoneは、タッチパネルをつくる技術で成功したのではなく、それを使って人に喜びを与えることで成功したのだ。

２００６年から２０１３年まで、時代が新しくなるにつれて、「人が何に喜びを感じるのか」を知っている企業が上位を占めるようになってきていることがわかる。つまり、情報革命によって、自然科学における知見から、人間科学における知見へと、成功要因が変化したのだ。

あらゆる情報がインターネットに載せられ、瞬時に伝わるようになると、自然科学における知見は半ば公共財のようになる。その結果、そこで差別化することが難しくなっていく。その一方で、「人が何に喜びを感じるのか」といった人間の内面に関する知見は、検索しても簡単には手に入らないため、逆に価値が高まっていく。そこで勝負する企業が、情報革命後の世界において勝ち組になってきているのだ。

本書で紹介したアップル、サムスン、花王、ザ・リッツ・カールトン、セブン-イレブンなどにおいて、地域専門家やスティーブ・ジョブズ、ＯＦＣといった「目利き」が成功要因になっていたのは、ここに理由がある。

また、情報革命は企業の形にも変化をもたらすようになってきている。産業革命の時代においては、大量生産・大量物流による効率性の追求がビジネスにおいて多大な価値をもたらした。このため、資本集約型で大勢の社員を雇う大企業中心の経済構造になっていった。

ところが、人に関する知見が強みに変わってくると、むしろ洞察力のある個人、つまり目利きにパワーがシフトしていく。ブロガーが商品の評価に大きな影響を及ぼすようになったり、大企業に代わってベンチャー起業家がイノベーションの先端を走るようになってきている。フェイスブックが2兆円で買収して世の中を驚かせたワッツアップの社員数は、当時わずか50名だった。いまや革命ですら個人が起こせる時代になったのだ。

もちろん個人ができることには限りがある。このため、さまざまな分野に特化した起業家がお互いに連携し合い、エコシステムを形成するようになった。しかも、情報が瞬時に伝達されることで、グローバルなエコシステムの形成が可能になってきている。

図18は、世界中の情報通信産業の集積地（産業クラスター）を表したものだ。その中でも中心的な役割を果たしているのが、米国の西海岸にあるシリコンバレーだ。シリコンバレーは半導体や情報通信機器、インターネット関連ビジネスの世界的な集積地にな

っている。ところが、シリコンバレーはそこ単独で成り立っているわけではない。

イスラエルは暗号や無線通信の分野において世界の先進地域になっており、数多くのベンチャー企業が雨後の筍のように生まれている。それは、イスラエルの軍がこの分野において膨大なR＆D投資をしていることと関係している。イスラエルの軍は面白いもので、軍の研究者が民間に転職して同じ分野で研究を続けることを止めていない。このため、軍発の技術が民間に転用され、ベンチャー企業が数多く立ち上がっているのだ。

イスラエルとシリコンバレーはユダヤ人脈でつながっており、シリコンバレーの会社がイスラエルのベンチャー企業を買収したり、イスラエルの会社がシリコンバレーに支店を開くなどは日常茶飯事だ。かつてインテルがセントリーノという無線規格を組み込んだプラットフォームを発売した際も、イスラエルとシリコンバレーのチームが協力して開発に当たっている。(図18)

図 18　世界の情報産業の集積地

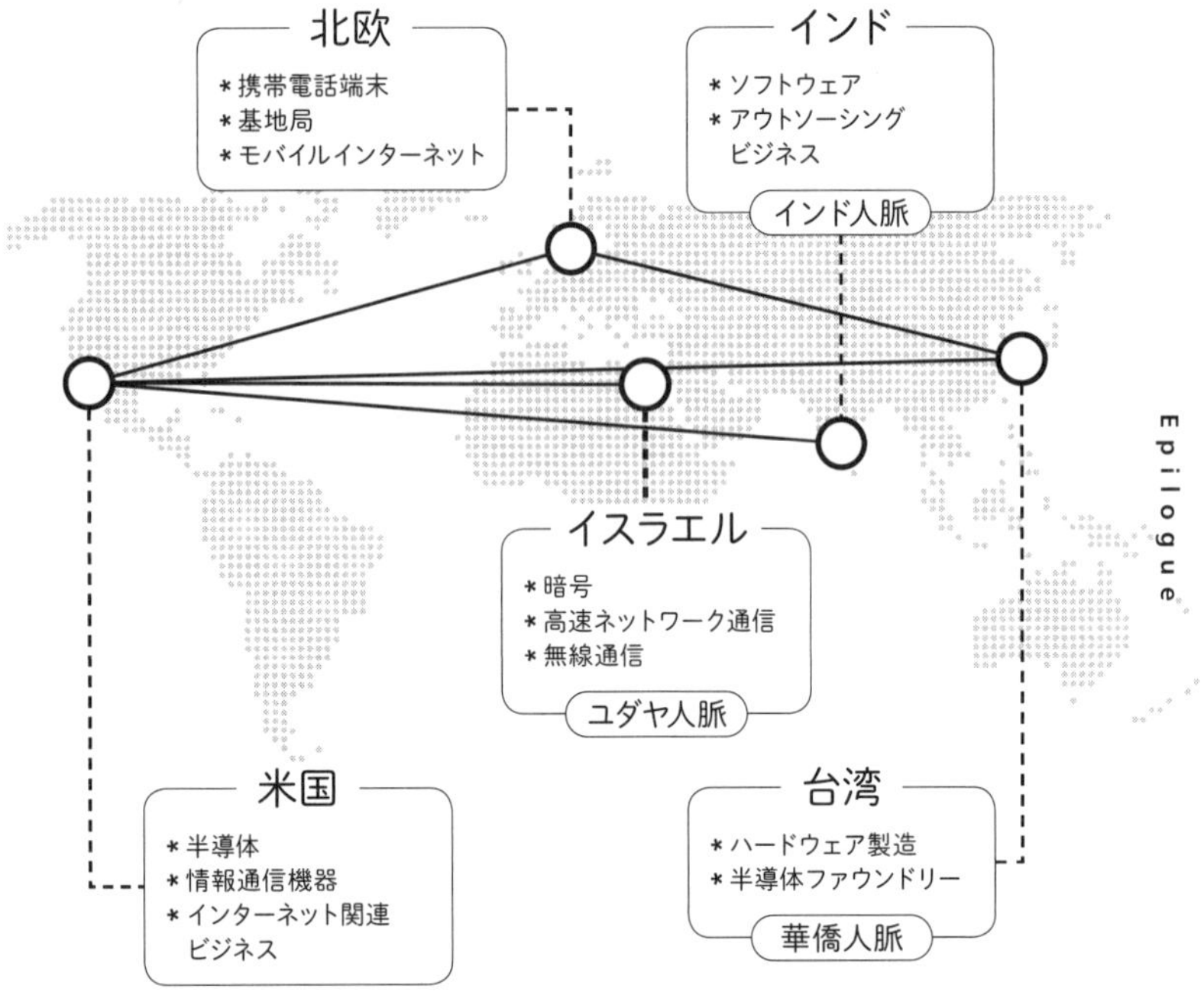

また、バンガロールを中心としたインド南部の諸都市は、ソフトウェア開発の集積地になっている。ここもインド人脈を通じてシリコンバレーとつながっている。バンガロールとサンフランシスコの間は多数の飛行機が飛んでおり、インド人が行き来しながら、飛行機の中で商談が行われている。

台湾はハードウェアや半導体の製造で世界的なセンターになっている。ここも古くからシリコンバレーと華僑人脈でつながっている。台湾の半導体製造大手のTSMCやUMCは、シリコンバレーでマネジメント教育を受けた華僑が、台湾に戻ってきて立ち上げた会社だ。アップルのハードウェアを台湾のホンハイが製造する背景には、こうした2つの地域の歴史的なつながりがある。

このように、グローバルにネットワークを形成する産業クラスターの上で、起業家同士が連携しあってエコシステムを形成するようになってきている。ハード・ソフト・通信・コンテンツなど、あらゆる領域をカバーするビジネスモデルが求められる時代においては、いかに大企業といえども、もはや1社ですべての問題を解決することはできなくなっている。問題の大きさが企業の器を超えてしまったのだ。

このため、大企業よりもスピード感があって、なおかつ幅広い技術領域をカバーできるエコシステム（勝ち組起業家連合）が、大企業に取って代わるようになってきた。いまや、情報通信業界でビジネスをしていこうとすると、エコシステムの中に飛び込み、ユダヤ人、インド人、華僑たちと渡り合っていかなければ、情報も入ってこないようになっている。

また、こうした変化は情報通信業界に限られたものではない。情報革命はそれ以外のあらゆる業界にも変化を迫っている。「インターネット・オブ・シングス（IoT）」「オムニチャネル」「インダストリー4・0」「ビッグデータ」などの言葉を聞いたことがあるだろう。これらのキーワードは、情報通信技術が多くの業界のビジネスモデルを根底から変えつつあることを示している。

さらに、あらゆる情報がインターネット上に載せられ、簡単に検索できるようになったおかげで、業界固有のノウハウが流出し、業界の垣根を越えた仁義なき戦いが始まっている。

インターネット関連企業が小売や金融に進出する、プライベートブランドにより小売業がメーカーの領域を侵食する、JR東日本がファッションビル（ルミネ）や駅ナカ事業で小売業と競合する、ソフトバンクやオリックスが発電事業に参入する、ヤマダ電機が住宅販売やリフォーム事業に取り組む、アイリスオーヤマが家電・LED照明に参入する、アマゾンや楽天が物流機能を拡大するなど、数え上げればきりがない。

以上述べてきたように、これからのビジネスマンが戦う環境は、産業革命から情報革命への転換、自然科学から人間科学への強みの変遷、大企業から個人へのパワーシフト、グローバルなエコシステムの形成、情報通信技術を用いたビジネスモデルの変革、業界の垣根を越えた仁義なき戦いといった形で、大きく変わりつつある。

こうした未経験の環境の中で戦っていく上で、従来までのモノの見方に囚われていては危険だ。この本の中で紹介した11人の天才たちのように、自らのモノの見方を変えられるかどうかが、サバイバルできるかどうかを分けることになる。

それではここから先は、あなた自身の新しい世界観の発見に向けて旅立ってもらおう。

参考文献

書籍

・『グーグル　ネット覇者の真実』（スティーブン・レヴィ著、仲達志／池村千秋訳、阪急コミュニケーションズ、2012年）
・『孫正義　リーダーのための意思決定の極意』（ソフトバンクアカデミア特別講義編、光文社新書、2011年）
・『孫正義の参謀』（嶋聡著、東洋経済新報社、2015年）
・『スティーブ・ジョブズ』（ウォルター・アイザックソン著、井口耕二訳、講談社、2011年）
・『君臨する企業の6つの法則』（マイケル・A・クスマノ著、鬼澤忍訳、日本経済新聞出版社、2012年）
・『サムスンの決定はなぜ世界一速いのか』（吉川良三著、角川oneテーマ21、2011年）
・『ジェフ・ベゾス　果てなき野望』（ブラッド・ストーン著、井口耕二訳、日経BP社、2014年）
・『一勝九敗』（柳井正著、新潮文庫、2006年）
・『成功は一日で捨て去れ』（柳井正著、新潮文庫、2012年）
・『コトラーの戦略的マーケティング』（フィリップ・コトラー著、木村達也訳、ダイヤモンド社、2000年）
・『マーケティングと共に』（フィリップ・コトラー著、田中陽／土方奈美訳、日本経済新聞出版社、2014年）
・『缶コーヒー職人』（高橋賢藏著、潮出版社、2007年）
・『売る力　心をつかむ仕事術』（鈴木敏文著、文春新書、2013年）
・『鈴木敏文の統計心理学』（勝見明著、日経ビジネス文庫、2012年）
・『ザ・ディマンド』（エイドリアン・J・スライウォツキー／カール・ウェバー著、佐藤徳之監訳、中川治子訳、日本経済新聞出版社、2012年）
・『インテルの戦略』（ロバート・A・バーゲルマン著、石橋善一郎／宇田理訳、ダイヤモンド社、2006年）
・『巨象も踊る』（ルイス・ガースナー著、山岡洋一／高遠裕子訳、日本経済新聞出版社、2002年）

- 『リー・クアンユー　世界を語る』（グラハム・アリソン／ロバート・D・ブラックウィル／アリ・ウィン著、倉田真木訳、サンマーク出版、２０１３年）
- 『リー・クアンユー自選語録　リーダーシップとはなにか』（リー・クアンユー著、佐々木藤子訳、潮出版社、２０１４年）
- 『人を活かす経営』（松下幸之助著、ＰＨＰビジネス新書、２０１４年）

The Google Guys: Inside the Brilliant Minds of Google Founders Larry Page and Sergey Brin
(Richard L. Brandt, Portfolio, 2009)
Building High-Tech Clusters: Silicon Valley and Beyond
(Timothy Bresnahan & Alfonso Gambardella, Cambridge University Press, 2004)

Scientific American記事
"How Unconscious Thought and Perception Affect Our Every Waking Moment" January 2014
"How sleep shapes memory" August 2013
"Evolution of Creativity" March 2013
"Building Blocks of Memory" February 2013

高野研一
（たかの・けんいち）

株式会社ヘイ コンサルティング グループ代表取締役社長

ビジネスリーダー育成、コーポレートガバナンスなどの領域で
コンサルティング活動を行う。
大手銀行でファンドマネジャーを経験した後、コンサルタントに転じ、
マーサー・ジャパン取締役等を経て現職。
神戸大学経済学部、ロンドン・スクール・オブ・エコノミクス（MSc）、
シカゴ大学ビジネススクール（MBA）卒。
著書に『ビジネスリーダーの強化書』（日本経団連出版）
『勝ちぐせで組織は強くなる』（東洋経済新報社）などがある。

超ロジカル思考
「ひらめき力」を引き出す発想トレーニング

2015年8月7日　1版1刷

著者
高野研一

発行者
斎藤修一

発行所
日本経済新聞出版社
東京都千代田区大手町1-3-7　〒100-8066
電話（03）3270-0251（代）http://www.nikkeibook.com/

ブックデザイン
新井大輔

イラストレーション
村上テツヤ

印刷・製本
三松堂

ISBN978-4-532-32022-5　Printed in Japan